KB075871

창조적 사고의 놀라운 역사

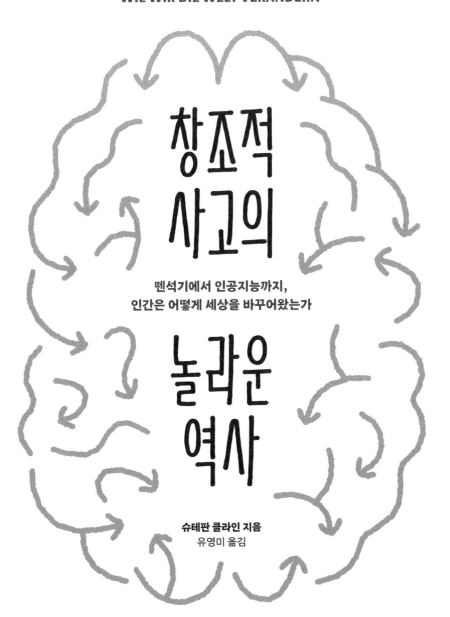

창조적 사고의 놀라운 역사

떤석기에서 인공지능까지,
인간은 어떻게 세상을 바꾸어왔는가

슈테판 클라인 지음
유영미 옮김

어크로스

들어가는 말

인간 정신의
놀라운 능력

오늘 상상할 수 없는 일이 내일 현실이 될 수 있다. 피라미드, 에펠탑, 모차르트의 교향곡, 레오나르도 다빈치의 〈모나리자〉, 셰익스피어의 소네트, 달 로켓을 만드는 신기술 같은 것은 인간의 창조성이 일구어낸 뛰어난 업적으로 여겨진다. 그러나 소소하고 일상적인 물건들도 인간의 창조성을 보여준다. 오히려 그런 물건들에서 인간의 창조적 사고를 더 인상적으로 엿볼 수 있지 않을까? 우리가 추운 겨울에도 욕실에서 뜨거운 물로 샤워할 수 있는 것은 상대성이론의 발견 못지않은 인간의 창조적 사고가 이루어낸 승리가 아닐 수 없다.

모닥불을 피워본 사람은 불을 지피는 일이 그리 쉽지 않다는 사실을 잘 알 것이다. 특히나 나무가 젖어 있을 때는 말이다. 그래도 오늘날에는 그저 호주머니에서 성냥을 꺼내어 불을 붙이기만 하면 된다. 하지만 성냥이나 라이터가 없었던 우리 조상들은 얼마나 힘들었을까. 아이들이 놀이 삼아 하듯 부싯돌을 부딪혀서 미세한 불꽃을 튀게 하는 것만으로는 불을 지피기가 쉽지 않다.

최초로 제대로 된 불을 피우기 전에 우리 조상들은 여러 가지 아이디어를 시험하고 서로 조합해보아야 했다. 드디어 발견한 해결책은 부싯돌만 서로 부딪힐 것이 아니라 황철석과 같은 무른 광물과 불이 쉽게 붙는 부싯깃을 활용하는 것이었다. 부싯돌로 황철석의 뾰족한 모서리를 내리치면, 마찰로 인해 불똥이 일어난다. 이 불똥을 부싯깃으로 받아내어 부싯깃에 작은 불이 붙으면, 입으로 바람을 일으켜 마른 풀단에 불이 옮겨붙게 했다.

부싯깃은 보통 말굽버섯으로 만들었다. 이 역시 놀라운 착상이었다. 마른 나무껍질로 부싯깃을 만들면 전혀 불이 붙지 않는다. 말굽버섯갓의 겉껍질 바로 아래 얇은 속살층을 발라낸 다음 두드려서 연하게 만들어 부싯깃으로 써야 한다. 하지만 우리 선조들은 이런 사실을 어떻게 알았을까? 물과 재를 섞은 액체에 버섯 살을 넣어 끓여낸 다음 소변에 3주간 담가두면 더 쉽게 불이 붙는다는 것을 어떻게 알았을까?

우리 조상들은 이런 지식 덕분에 지금보다 훨씬 더 추웠던 겨울을 무사히 날 수 있었다. 현재 이탈리아 볼차노의 박물관에 전시되어 있는 미라 '외치'가 이를 보여준다. 5300년 전 오스트리아와 이탈리아의 국경지대인 티롤의 티젠요흐를 지나다 빙하 위에서 화살을 맞고 숨진 외치는 꽁꽁 언 미라로 발견되었다.[1] 외치의 허리 주머니에는 검은 덩어리가 들어 있었다. 부싯깃으로 쓰기 위해 말굽버섯의 속살층을 가공한 재료였다. 부싯깃에는 황철석 가루도 반짝이고 있었다.

우리의 사고는 과거에 굳게 뿌리내리고 있다. 외치도 이미 그 이전 수만 세대의 경험에 의존하여 살아갔다. 네안데르탈인, 아니 그보다 더 앞선 초기 인류도 부싯돌, 부싯깃, 황철석의 도움으로 불씨를 얻었을 것이다.[2] 인류의 조상들이 정확히 어느 시점에 처음으로 불을 만들어냈는지는 알 수 없다. 하지만 불의 발명만큼 인류의 역사에 깊은 영향을 끼친 사건은 없었다. 불을 통제하게 되면서부터 인간은 세상뿐 아니라 스스로를 변화시켰다. 음식을 익혀 먹으면서 영양분을 더 잘 활용하게 되었고, 흡수하는 열량이 많아져 뇌가 점점 커지면서 자연계에서는 독보적인 크기가 되었다.[3] 컴퓨터와 우주비행으로 가는 길은 음식 냄비에서 시작되었다. 하지만 인간이 이런 길을 갈 수 있었던 것은 창조성 덕분이었다.

인류의 아이디어가 지금의 인류를 탄생시켰다. 상상력이 삶을 형상화한다. 이런 면에서 인간은 다른 동물과 차이가 난다. 물론 다른 동물도 인상적인 기술을 가지고 있다. 흰개미가 수십만 마리에 이르는 동료 개미를 위해 어마어마하고 쾌적한 집을 짓는 기술은 결코 인간의 업적에 뒤지지 않는다. 거미들이 지은 집

역시 엔지니어들이 탄복할 정도다. 거미줄로 공중에 지은 집에는 먹이를 포획하는 그물도 있고, 거미들이 쉬는 방도 있으며, 차양도 있다. 끈적끈적한 줄, 신호 역할을 하는 줄, 교량 역할을 하는 줄도 있다. 악어들이 작은 뇌로 자신보다 훨씬 더 지능적이고 민첩한 새들을 사냥하는 전략은 불을 통제하는 것 못지않게 영리해 보인다.[4]

하지만 흰개미들은 자신들의 집을 어떻게 지어야 할지 알지 못한다. 거미들은 어떻게 거미줄을 치는지 알지 못한다. 그들의 기술은 스스로 고안하거나 동료들에게 배운 것이 아니다. 그럴 필요가 없었다. 그들은 그저 솜씨 좋은 건축가로 세상에 태어났을 따름이다. 멋진 집을 짓는 일은 그들의 유전자에 새겨져 있다. 악어들 역시 자연이 프로그래밍해준 대로 실행할 따름이다.

하지만 인간은 완전히 다르다. 자연은 우리에게 불을 피우는 법을 가르쳐주지 않았다. 도시에서만 살던 사람이 라이터와 거위털 침낭 없이 추운 날씨에 야생에 방치된다면 얼어 죽을 것이다. 부싯돌을 찾아낸다 해도 부싯돌에서 튀는 미세한 불꽃으로는 도무지 불을 피울 수 없다는 사실을 어떻게 알겠는가? 무른 황철석으로 부시를 만들어야 한다는 사실을 어떻게 알고, 버섯이 불에 잘 탄다는 사실을 누가 생각할 수 있겠는가?

흰개미나 거미는 도시를 건설하고 공중에 집을 짓기 위해 본능만 있으면 충분하다. 반면 인간은 한 줄기 불을 얻는 데도 번득이는 착상이 필요하다.

　이런 착상들은 어디에서 올까? 오랜 세월 사람들은 신적인 힘이 인간에게 영감을 불어넣어준다고 여겼다. 불보다 생존에 더 도움이 되는 발명은 없었으므로, 모든 문화에는 신적인 존재가 땅에 불을 허락해주었다는 신화가 전해 내려온다. 그리스 신화에서는 제우스가 숨겨둔 불을 프로메테우스가 훔쳐서 인간들에게 가져다준다. 당시에는 인간이 자신의 정신적 능력으로 불을 통제하게 되었다고는 아무도 상상할 수 없었다.

　오늘날 좋은 착상이 초자연적인 힘에서 나온다고 여기는 사람은 별로 없을 것이다. 하지만 인간의 창조적 사고는 예나 지금이나 여전히 커다란 수수께끼다. 학습의 기본 메커니즘을 발견한 공로로 2000년에 노벨상을 수상한 신경생리학자 에릭 캔들Eric Richard Kandel은 창조적 사고가 의식의 신비와 더불어 "우리 지식의 경계"를 이룬다고 말했다.[5]

　창조적 사고가 신비로워 보이는 것은 그것이 예측을 불허하기 때문이다. 창조적 아이디어는 종종 우리의 통제를 벗어나 제 갈 길을 간다. 새로운 해결책이 필요한 문제 앞에서 아무리 애를 써도 좋은 생각이 나지 않는 경우가 많다. 그러다가 아무런 생각 없이 샤워를 하거나 자전거를 타고 늘 지나던 길모퉁이를 돌아설 때 퍼뜩 착상이 떠오른다. 때로는 자다가 비몽사몽 중에 갑자기 아이디어가 번득이기 시작한다.

아이디어를 내고 실행에 옮기는 능력은 매우 오랜 세월 동안 신적인 힘에서 비롯되는 것으로 여겨졌기에 이런 능력을 지칭하는 단어도 150년 전에야 탄생했다. 창조성creativity! 새롭고 가치 있는 것을 만들어내는 능력! 하지만 그 뒤에도 창조성이 어떻게 잉태되는 것인지 그 누구도 설명하지 못했다.

창조성은 모차르트, 피카소, 아인슈타인 같은 인류의 위대한 지성들에게만 주어지는 재능일까? 천재를 숭배하는 태도는 굉장히 당연해 보인다. 모차르트 교향곡 41번 〈주피터〉의 마지막 소절들은 단연 기적이고, 피카소의 〈아비뇽의 처녀들〉은 회화의 새로운 장을 열었다. 상대성이론은 우주를 감싸고 있던 베일을 한 꺼풀 벗겨냈다. 이런 업적을 이룬 사람을 선택받은 자로 여기는 것은 불을 신의 선물로 묘사한 신화와 같은 것이다. 다른 방법으로는 창조적인 업적을 설명할 수가 없었던 것이다.

하지만 프로메테우스가 역사적 인물이 아닌 것처럼 천재 숭배 역시 현실에 부합하는 것은 아니다. 최신 뇌과학 연구에 따르면 창조성은 몇몇 선택받은 사람에게만 주어진 특별한 재능이 아니다. 이 책을 통해 창조성이 우리 생각보다 훨씬 더 기본적인 능력인 동시에 훨씬 더 흥미로운 특성임을 알게 될 것이다. 창조적 사고는 인간 이성의 기본 능력에서 나오는 것이다.

나아가 우리의 이성이 어떤 열매를 맺느냐는 개인적인 자질보다는 다른 사람과 어떻게 소통하고 교류하는가에 달려 있다.

창조성은 한 개인의 머릿속에서 펼쳐지기보다는 타인, 그리고 타인의 생각과 생산적으로 만나는 가운데 펼쳐지기 때문이다.

천재가 자기 자신 속에서 위대한 아이디어를 길어 올린다는 생각은 낭만적 상상에 지나지 않는다. 사실 모든 창조적 사고는 많은 사람의 협업에서 탄생한다. 다른 사람이나 주변 세계가 던지는 질문에 대답하기 위해 등장하는 것이 바로 창조적 생각이다. 외부의 자극이 없다면 아무리 상상력이 풍부해도 소용 없다. 제 아무리 훌륭한 목수라도 목재와 톱 없이는 서까래를 만들지 못하는 것처럼, 대답을 찾기 위해 이성은 정신적인 연장과 적절한 재료를 필요로 한다. 상상력이 새로운 착상을 빚어내는 데 필요한 정신적 재료와 연장을 우리는 문화라 부른다.

인류의 역사에는 세 번의 사고 혁명이 있었다. 이런 전환점들이 인간의 정신을 빚었다. 오늘날 현대인은 이런 변혁의 시대에 생겨난 연장과 재료를 도구 삼아 아이디어를 길어낸다. 또한 지금은 네 번째 사고 혁명이 세계를 흔들고 있다. 이 모든 변혁에는 공통의 원인이 있다. 바로 인간이 정보를 새롭게 다루게 되었다는 것이다.

첫 번째 혁명은 약 330만 년 전 인류의 조상이 돌로 칼을 만드는 법을 배웠을 때 일어났다. 이런 연장이 신체에 초인적인 힘을 선사함으로써 초기 인류는 자연의 예속으로부터 성큼 벗어날 수 있었다. 이 책의 1~3장에서 태곳적 조상들이 어떻게 그들의 세계를 만들어나가기 시작했는지를 이야기하려고 한다. 서로에게서 배우는 것이 생존에 중요해지면서 새로운 의사소통 방법이 필요해졌고, 이 시기에 이미 언어가 탄생한 듯하다.

두 번째 혁명에서 인간은 상징적 사고를 발견했다. 이런 변혁이 정확히 언제 어떻게 시작되었는지는 알려져 있지 않다. 확실한 것은 우리의 조상들이 최소 10만 년 전에 세계를 새롭게 이해하게 되었다는 것이다. 그들은 주변의 사물들에 자유롭게 의미를 부여해도 된다는 것을 깨달았다. 그리하여 갑자기 조개껍데기는 바다 동물의 잔해로 그치지 않고 소유자에게 명망을 선사하는 장신구가 되었다. 불탄 나뭇가지로 바위벽에 그린 곡선은 동물의 등을 상징했고, 손도장은 손의 주인을 떠올리게 했다. 인간은 최초로 자신의 뇌 밖에 정보를 저장했다.

4~6장에서는 이성의 도구인 상징을 살펴볼 것이다. 상징은 인간이 더 큰 무리로 공동생활을 하는 것을 가능하게 했고, 나중에는 정착생활을 가능하게 했다. 단순한 그림 상징으로부터 숫자와 문자가 생겨나 점점 더 추상적인 사고가 발달했다. 상징을 사용하게 되면서 인간 두뇌의 능력은 크게 강화되었다.

세 번째 사고 혁명은 정보를 폭발적으로 확산시켰고, 전 세계적으로 서로 뇌가 연결되는 시대가 도래했다. 매스커뮤니케이션mass communication이 언제 시작되었는지 정확한 시점을 특정할 수 있다. 서기 1450년경 마인츠에서 금세공사로 일하던 요하네스 구텐베르크Johannes Gutenberg가 주석과 납의 합금으로 활자를 만들고 활판인쇄기를 가동시켜 정보가 신속하게 대량으로 확산되게 했다. 몇 년 지나지 않아 구텐베르크의 인쇄소를 거친 수백만 장의 인쇄물이 시중에 쏟아져 나왔다. 7~9장에서는 지식이 신앙을 대신해 삶의 가이드 역할을 하게 된 과정을 살펴보려고 한다. 지식은 세상의 권력으로 자리매김했고, 자연의 숨겨진 힘을 해방시켰으며, 수십억 명의 생활수준을 크게 높였다.

이제 우리는 네 번째 혁명의 소용돌이 한가운데 있다. 그동안 인간은 이성이 담당하던 과제를 많이 덜어주고, 스스로 학습까지 하는 기계를 만들어냈다. 인간은 아주 짧은 시간 안에 컴퓨터에 의존하게 되었고, 너무나 빠른 변화의 속도에 많은 사람이 놀라다 못해 경악하고 있다. 10장과 11장에서는 우리가 처한 이런 딜레마를 분석하고자 한다. 한편으로는 기계가 점점 더 많은 영역에서 인간의 지능을 능가하고, 인간을 대신해 결정을 내리게 될 것이며, 다른 한편으로는 인공지능의 도움으로 우리는 스스로의 생각을 더 잘 이해하고 사고 능력을 더 발전시켜나갈 수 있을 것이다.

영국의 수학자이자 생물학자인 제이콥 브로노프스키Jacob Bronowski는 인간이 번성하게 된 것은 "상상력이 끊임없이 커지고 확대"되었기 때문이라고 말했다. 인류가 지구의 지배자가 되는 과정은 지능의 승리가 아니라 상상력의 승리로 점철되어 있다.

인간 정신의 가장 놀라운 능력은 계속해서 자신을 앞서 나간다는 것이다. 그러나 인류를 새로운 단계로 끌어올린 모든 혁명은 또한 옛 질서가 깨지는 위기를 동반했다. 그리하여 지금도 우리는 컴퓨터, 인터넷, 인공지능의 급속한 발전이 던지는 질문과 마주하고 있다. 인간의 창조적 사고의 역사를 조망해보는 것이 이런 질문에 의미 있는 답을 찾는 데 도움이 될지도 모른다.

차례

2부 상징, 새로운 생각의 탄생

3부 뇌가 연결되는 시대

4부 창조적 사고의 미래

1부
경이로움의 시작

1장

뗀석기가 전하는
메시지

인간이 손을 잘 쓰게 되면서 뇌가 발달했는지, 뇌가 발달하면서 손을 능숙하게 쓰게 되었는지는 확실하지 않다. 확실한 것은 손과 머리가 서로 은밀히 연결되어 있다는 것이다.

        – 알프레드 노스 화이트헤드[1]

출발 전 운전기사는 사막을 통과해 북쪽으로 갈 거라면서 정확한 목적지는 말해줄 수 없다고 했다. 그렇게 우리는 어둠 속을 달렸다. 움푹 팬 곳을 지나갈 때마다 몸이 이리저리 쏠려 차체에 어깨를 부딪히곤 했다. 해가 뜨자 상당히 독특하고 아름다운 풍경이 눈앞에 펼쳐졌다. 길 왼편으로는 너른 돌밭이 끝없이 펼쳐져 있고, 저 멀리 우뚝 솟은 산봉우리가 보였다. 돌밭에는 아카시아

나무 몇 그루가 있었고, 염소 떼, 낙타 한 마리가 눈에 들어왔다. 황량한 분위기였다. 그러나 오른쪽은 멀리 수평선에 이르기까지 짙푸른 물이 반짝거렸다. 물가에는 야자나무들이 무성하게 자라, 사진을 찍으면 카리브해 홍보용 사진으로도 쓸 수 있을 것 같았다. 모래에서 일광욕을 하는 나일악어들만 아니라면 말이다. 이곳은 세계 최대의 사막 호수인 투르카나호로, 염도 높은 물이 250킬로미터에 걸쳐 동아프리카 지구대의 너른 계곡을 채우고 있었다.

정오경에 에티오피아 국경 근처에 다다른 우리는 종려나무 잎으로 짠 몇 채의 오두막 앞을 지나갔다. 이런 황무지에서 용케 살아가는 사람들이 오두막 앞에 앉아 있었다. 우리가 탄 오프로드 카는 갑자기 방향을 틀어 길을 뒤로하고 마른 강바닥으로 들어갔다. 돌밭을 지나고 바위들을 통과하여 다다른 곳은 어느 언덕이었다. 운전기사가 우리더러 내리라고 했다. 차에서 내린 우리의 눈앞에 놀라운 전경이 펼쳐졌다. 발아래로 붉은색과 노란색의 응회암으로 이루어진 원형극장 형태의 지형이 우기의 물에 씻겨 말갛게 드러나 있었다. 우리가 통과해온 계곡은 호수 쪽으로 뻗어 있었다. 수직으로 깎아지른 계곡의 벽은 여러 가지 흙 색깔로 빛났고, 대성당 벽처럼 기둥 같은 바위를 떠받치고 있었다.

우리(고고학자 소니아 아르망Sonia Harmand, 사진작가, 운전기사, 그리고 나)는 언덕 위에 서서 한참 동안 말없이 먼 곳을 바라보았다.

아르망은 한참을 그렇게 서 있다가 이곳이 자신의 인생을 발견한 장소라고 운을 뗐다. 그러고는 우리 앞쪽으로 스무 걸음쯤 떨어진 곳에 있는 갈색 돌무더기를 가리키며, 이곳에 인류의 정신이 깨어났음을 보여주는 첫 번째 증거가 있다고 말했다.

로메크위의 석기 제작자들

아르망이 이 자리에 처음 섰던 날은 2011년 7월 9일이었다. 그녀는 자신이 우연히 이곳에 오게 되었다면서 그날을 결코 잊지 못할 거라고 했다. 이날 아르망은 고고학자인 남편과 함께 사막에서 길을 잃었고, 방향을 찾기 위해 한낮의 더위 속에서 지금 우리가 선 이 언덕에 올랐다. 2011년 여름 그녀는 이 적도 사막을 열다섯 번째로 찾은 참이었다. 이 지역은 그늘에서도(그나마 그늘을 찾을 수 있다면 말이다) 기온이 섭씨 45도까지 오르곤 하는 지구상에서 가장 더운 지역이다. 이 말을 하며 아르망은 피식 웃었다. "어쩌겠어요? 어차피 이곳에 올 운명이었는데!"

소니아 아르망이 처음 동아프리카 여행길에 오른 것은 젊은 시절 파리에서 대학입학자격시험을 치른 뒤였다. 당시 그녀는 단순히 동경에 이끌려 동아프리카에 첫발을 디뎠고, 수백만 년 전에 인류를 배출한 이 대륙에 뭐라 설명할 길이 없는 이상한 친밀

감이 느껴져서 가슴이 벅차올랐다. 동아프리카 지구대의 사바나가 전혀 낯설지 않고, 마치 고향에 온 듯한 느낌이 들었다. 기억은 나지 않지만, 마치 오래전에 이곳에 살았던 것 같은 기분이었다. 그때 그녀는 자신이 이곳을 계속 찾게 될 것임을 직감했다. 아르망은 파리에서 고고학을 공부하고 뉴욕에 있는 한 대학의 교수가 되어 투르카나호 기슭으로 향했다. 이 지역은 초기 인류와 호미니드의 흔적이 지구상에서 가장 많이 발견된 곳이다.

2011년의 그 무더운 7월, 길 잃은 부부가 자신들의 위치를 확인해본 결과, 놀랍게도 그곳은 그들이 이미 여러 번 방문했던 지역이었다. 그보다 10년 전에 거기서 불과 몇백 미터 떨어진 곳에서 수수께끼 같은 화석이 발견되었던 것이다. 그 화석은 호미니드의 완전한 두개골이었다. 호모사피엔스가 지구상에 등장하기 오래전인 약 350만 년 전의 것이었다. 이런 발굴물은 으레 대단한 관심을 끌지만, 이 두개골은 그중에서도 정말 특이했다. 일반적인 호미니드 머리뼈와는 달리 눈구멍이 움푹 들어가 있지 않았고, 턱도 앞으로 돌출되어 있지 않았다. 상당히 납작하고 평평해서 현대인 틈에서 단체사진을 찍어도 전혀 눈에 띄지 않을 정도였다. 그밖에도 비슷한 시대의 유명한 화석들과 닮은 점이 거의 없었다. 고생물학자 루이즈 리키Louise Leakey는 이 화석을 연구한 뒤, 아직 알려져 있지 않은 초기 인류 종의 두개골이라는 결론을 내리고, 새로 발견된 이 종에 '평평한 얼굴의 케냐인'이라는 뜻의 케냔트로푸스 플라티옵스Kenyanthropus platyops라는 이름을 붙였다. 고고학계에서 리키 집안의 발언은 상당한 신뢰성을 지닌다. 루이즈 리키는 인류가 아프리카 출신임을 깨닫게 해준 화석을 발굴한, 고고학계의 전설적인 부부 학자 루이스 리키Louis Leakey와 메리 리키Mary Leakey의 손녀다. 루이즈는 어린 시절부터 부모인 리처드 리키Richard Leakey와 미브 리키Meave Leakey를 따라 발굴지를 누볐다. 부모가 1970년대에 투르카나 호숫가에서 호모속에 속한 가장 오래된 뼈들을 발굴할 때도 그 현장에 있었다.

길을 잃었던 날 아르망은 '투르카나 호숫가의 보잘것없는 이 황량한 언덕에 혹시 또 다른 비밀이 숨어 있지는 않을까?' 하는 생각에 무선으로 도우미들을 호출했고, 얼마 뒤 20명 남짓의 남자들이 나란히 늘어서서 이 지역을 샅샅이 훑었다. 모두가 땅이 약간이라도 이상하면 곧장 알아차릴 수 있도록 훈련을 받은 사람들이었다. 투르카나호 기슭의 땅은 굉장히 건조해서 오래전에 멸종한 생물의 화석이 부식토에 덮일 염려가 없다. 그리하여 우기에 비가 많이 내려 돌들이 씻겨 내려가자마자 수백만 년 된 잔해들이 그대로 노출된다.

2011년 7월 9일, 그날 오후에 이미 투르카나족 출신의 화석 사냥꾼 새미 로코로디Sammy Lokorodi가 무전기로 뭔가 찾아냈다고 알려왔다. 비탈에서 주먹으로 쥘 수 있는 크기에, 예사롭지 않게 날카로운 모서리를 가진 현무암들을 발견한 것이었다. 돌들이 자연적으로 그 형태로 부서졌을 리는 없었다. 누군가가 돌을 세게 내리쳐서 그런 모양을 만든 것이 틀림없었다. 돌을 부수고 날을 만들기 위해 반복해서 돌을 쳐낸 자국까지 분간할 수 있었다.

연구자들은 알록달록한 깃발로 발굴 장소를 표시했다. 돌을 깨어 만든 석기는 파란색으로, 화석은 노란색으로 표시했다. 30분 뒤 방 한 개 정도 면적에 50개의 깃발이 꽂혔다.

아르망은 발굴을 지시하고는 암석층의 상태를 바탕으로 연대를 측정했다. 석기는 그때까지 알려진 인간 혹은 동물의 유물보다 거의 100만 년 더 오래된 것으로, 최소 330만 년 전 평평한 얼굴의 케냔트로푸스 플라티옵스가 생존하던 시대에 탄생한 산물이었다. 아르망은 발굴물을 약탈해 가려는 사람들이나 학문적 경쟁자들이 얼씬 못 하게 발굴 장소를 비밀에 부쳤다. 그래서 우리에게도 종려나무 잎으로 만든 오두막 몇 채가 있던 곳을 로메크위라고 부른다는 것 외에는 이곳이 정확히 어디인지 말하지 않았다.

아르망의 발굴팀은 네 번의 여름에 걸쳐 발굴을 했다. 퇴적물이 시멘트처럼 단단하게 굳어 있어서 조심스럽게 파들어 가야 했다. 고고학자들은 거의 150점의 석기를 발굴해냈다. 여기서 뭔가를 자르는 도구로 보이는 날카로운 발굴물보다 더 관심을 끈 것은 날을 만들 때 망치와 모루 역할을 했던 것으로 보이는 발굴물들이었다. 그중 가장 큰 연장은 무게가 15킬로그램 정도였다.

많은 연장은 땅속 깊숙이 박혀 있어서 후대에 만들어진 것이 유입되었을 가능성은 없었다. 이곳에서 뗀석기를 만든 사람은 한 명이 아닌 것으로 보였다. 고생물학자들이 '도구 제작의 전통'이라 칭하는 산업의 유적이 틀림없었다. 여러 암석층에 도구가 많은 것으로 미루어 상당히 오랜 세월 성업 중이었던 것으로 짐작되었다. 몇천 년, 혹은 몇백 년간 여러 세대의 초기 인류가 이곳에서 연장을 만들었을 것이다. 우리 눈앞의 이 언덕에서 초기 인류가 서로에게서 배우고, 아이디어를 내고, 의견을 전달했을 것이다. 날을 만든 자들이 누구건, 그들은 문화를 갖고 있었다.

내가 이곳을 방문하기 직전인 2015년, 아르망이 전문 저널에 그간의 발굴 과정을 발표하자 고고학계의 동료들은 이를 "지난 50년을 통틀어 가장 중요한 발굴"이라고 칭송했다. 로메크위의 발굴물은 가장 오래된 문화의 증거이며, 인류의 각성을 이해하는 열쇠다. 이런 발굴물은 지구상에 새로운 권력이 부상했음을 보여준다. 지능으로 자신의 운명을 조종하고, 세상을 자신의 생각대로 바꿔나가기 시작한 종의 부상을 말이다! 이제는 자연만이 아니라 아이디어가 세상을 흔들게 된 것이다. 로메크위의 돌들은 이런 창조적 지성의 특징이 무엇이며, 이것이 어떻게 탄생하는가에 대해서도 말해준다.

'커다란 뇌'에 대한 오해

아르망의 발굴 전까지 사람들은 창조적 사고를 하려면 커다란 뇌가 필요하다고 생각했다. 그리고 인류가 창조적 사고를 하게 된 과정을 대략 다음과 같이 설명했다. 현생인류의 조상인 호모Homo는 지금으로부터 200만 년 전쯤 기후변화로 식량이 부족해지는 바람에 창조성을 발휘하게 되었다. 호모는 당시 이미 도구를 만들고, 그 도구로 새로운 영양공급원을 개척해나갈 수 있을 만큼 뛰어난 지능을 가지고 있었다. 호모는 고기를 자르기 위해 돌로 무기와 칼을 만들었다. 그 덕분에 원래 약한 축에 속하던 호모는 사바나의 가장 큰 동물과 겨룰 수 있는 사냥꾼으로 변신했다. 육식은 호모에게 양질의 영양을 공급해주었고, 덕분에 호모는 더 커다란 뇌로 무장할 수 있었다. 커다란 뇌를 가지고 더 똑똑해질수록, 더 효과적으로 사냥할 수 있었다. 그렇게 호모는 지구상에서 가장 성공적인 포식자이자 세계의 지배자가 되었다. 그리고 훗날 어느 순간부터는 말을 하기 시작했다.

하지만 이런 이야기는 맞지 않는다. 첫째, 로메크위의 석기산업은 200만 년 전의 기후변화보다 훨씬 앞서서 활발히 진행되고 있었다. 지구온난화가 원시림을 바싹 말려버리고 아프리카에 사바나가 생겨나기 최소 50만 년 전에 이미 이곳에서 뗀석기가 만들어지고 있었다.[2] 둘째, 소니아 아르망 팀이 발굴한 연장들은 육식을 위한 칼이나 무기가 아니었다. 그곳 어디에도 칼자국이 난 동물의 뼈는 발견되지 않았다. 날에 남은 흔적도 이런 연장이 식물에 사용되었음을 보여준다. 그 도구들은 분명히 호두 같은 것을 깨뜨리거나 덩이줄기를 수확하거나 나무줄기에서 곤충들을 제거하는 일에 쓰였던 것 같다. 셋째, 이런 기구를 만든 이들은 뇌가 크지 않았다. 평평한 얼굴의 케냔트로푸스 플라티옵스는 현생인류와 비슷하게 생겼지만 뇌 용적은 오늘날 인간의 3분의 1을 간신히 넘는 수준이었다. 300만 년 전에는 다른 종의 초기 인류도 생존했지만, 어느 종도 현대의 침팬지보다 뇌가 크지 않았다. 하지만 그들은 자신의 창조적 사고로 현실을 일구어갈 수 있었음이 분명하다.

커다란 뇌가 아니라면 무엇이 그들의 창조적 상상력에 날개를 달아주었을까? 우리의 창조적 사고는 우리의 조상들 안에서 발달했던 능력에 바탕을 둔다. 그러므로 우리의 창조성을 이해하려면 인류의 첫 번째 사고 혁명이 어떤 배경에서 이루어졌는지를 알아야 한다.

지능은 호모사피엔스와 더불어 비로소 등장한 것이 아니다. 20세기 초 고생물학자들이 호미니드, 즉 100만 년보다 더 오래전에 살았고 뇌가 작았던 선행인류의 화석을 처음 발견했을 때, 그때까지 명백했던 인간과 동물 사이의 경계가 흐릿해졌다. 그리하여 학자들은 경계를 새롭게 정의하고자 했고, 인간은 도구를 사용하는 능력으로 동물과 구별된다고 설명했다. 화석 사냥꾼 루이스 리키는 이 주장을 검증하기 위해 한 젊은이를 원시림으로 보냈다. 야생동물을 관찰하는 것 외에는 하고 싶은 일이 없었던 그녀의 이름은 바로 제인 구달Jane Goodall이었다! 루이스 리키는 구달이 정글에 가서 하고 싶은 일을 마음껏 하게 했고, 그녀는 정말 탁월한 행동 연구가임이 드러났다. 1964년에 이미 제인 구달은 탄자니아에서 침팬지들이 막대기를 사용하여 흰개미를 사냥하는 장면을 촬영했다. 흥분한 구달이 전보로 그 사실을 알렸을 때, 리키는 이렇게 대답했다. "인간의 정의를 다시 내려야겠군……. 아니면 침팬지를 인간으로 받아들이거나."

오늘날 동물이 도구를 사용하는 사례는 많이 알려져 있다. 고릴라는 막대기를 버팀목으로 활용하여 강을 건너고, 오랑우탄은 가시덤불에서 열매를 찾을 때 나뭇잎을 장갑처럼 사용한다. 카푸친 원숭이는 평평한 돌을 이용해 먹을 만한 뿌리를 캔다. 코끼리는 잎이 무성한 나뭇가지를 코에 끼워 파리를 쫓는다. 돌고래는 바위가 많은 해저에서 먹잇감을 물색할 때 다치지 않도록 주둥이 위에 해면을 두른다. 이들보다 훨씬 덜 똑똑한 것으로 알려진 동물도 도구를 사용한다. 악어는 둥지 재료를 찾아다니는 새를 사냥하기 위해 주둥이 위에 나뭇가지를 얹어놓고 기다리며, 문어는 조개껍데기를 은신처로 삼는다.[3]

제인 구달이 보고한 또 하나의 멋진 관찰은 이렇다. 구달은 자신이 마이크라 이름 붙인 젊은 침팬지가 무리의 지도자로 급부상하는 모습을 소개했다. 보통 침팬지 무리에서는 나이 든 수컷이 우두머리 역할을 하기에 마이크의 성공은 주목할 만한 것이었다. 더욱 놀라운 것은 마이크가 우두머리에 오른 방식이었다. 마이크는 단 한 번의 몸싸움도 없이, 기발한 아이디어로 우두머리 자리를 꿰어 찼다. 바로 빈 석유통 두 개를 발견해 그것들을 마구 두드리면서 소란을 피워 경쟁자들이 도망가게 만든 것이었다.[4]

뜻밖의 새롭고 유용한 해결책을 찾아내는 능력을 창조성이라 부른다. 방금 언급한 모든 행동이 이런 정의에 부합한다. 그러므로 창조성은 인간만의 특성은 아니다. 동물도 창조적이다. 몸에 비해 큰 뇌를 가지고 있을 필요도 없다.[5] 이 모든 것은 진화가 인간을 배출하기 오래전부터 창조성이 존재했음을 보여준다. 5장에서는 창조적 사고가 우리 이성의 모든 활동에 얼마나 깊이 심어져 있는지를 살펴볼 것이다.

그러므로 호모사피엔스의 조상들이 300만 년 전 최초의 석기를 만들었을 때에도 이미 창조적 지능은 전혀 새로운 것이 아니었다. 하지만 로메크위의 석기 제작자들은 극소수의 동물들만이 구사하는 행동을 했다. 카푸친 원숭이가 뿌리를, 코끼리가 나뭇가지를, 문어가 조개를 도구로 사용하는 경우는 그것을 우연히 찾아냈을 때뿐이다. 도구를 변형시키지도 않는다. 나중에 특정 목적에 써먹을 생각으로 도구를 만드는 것은 훨씬 더 많은 통찰력과 계획적인 사고, 상상력을 필요로 하는 일이다. 돌로 날을 만들려면 여러 작업 단계를 거쳐야 하며, 단계마다 완성까지 어떻게 나아가야 하는지 머릿속으로 정확하게 그려볼 수 있어야 한다.

　도구 제작에 필요한 정신적 전제조건을 지닌 것은 유인원과 몇 종류의 새밖에 없다. 조류 중에 가장 지능이 높은 것으로 알려진 뉴칼레도니아 까마귀는 나뭇가지와 종려나무 잎을 갈고리 모양으로 구부려 나무 틈에서 애벌레와 성충을 낚는다. 이들 까마귀는 필요한 영양의 상당 부분을 이런 방식으로 충당한다.[6]

　동아프리카에서는 침팬지가 이빨로 막대기를 뾰족하게 다듬는 행동이, 서아프리카에서는 유인원이 그럴듯한 무기를 만드는 모습이 목격되었다. 세네갈 남동부의 사바나 지역인 퐁골리에 사는 침팬지들은 어린 나뭇가지를 꺾어 나뭇잎을 모두 떼어내고는 이빨로 가지 끝을 뾰족하게 깎아내 창처럼 만든다. 그러고는 이 창으로 나무 구멍에 은신해 있는 몸집 작은 갈라고 원숭이, 일명 부시베이비를 사냥한다. 그런데 흥미롭게도 세네갈 퐁골리에서 무기를 들고 사냥을 하는 것은 암컷의 일인 듯, 나무 창을 사용하는 빈도가 수컷보다 암컷이 더 높은 것으로 나타났다.[7] 우리 조상들 역시 그런 식으로 사냥을 했을지도 모를 일이다.

보노보가 석기를 만들 수 있었던 이유

하지만 유전자를 해독하고, 교향곡을 작곡하고, 화상회의로 시간을 보내는 수준에까지 이른 것은 인간뿐이다. 오늘날 어떻게 다른 유인원이나 까마귀가 아니라 인류가 지구를 지배하게 되었을까? 인간 정신의 남다른 점이 무엇일까?

이 수수께끼를 풀기 위해 우리는 다시 한번 태초로 돌아가야 한다. 로메크위의 석기들은 다음과 같은 의심을 품게 한다. 아이디어에서 지속적으로 득을 보려면 창조적 지능 이상의 것이 필요하지 않았을까? '지능 이상의 것'이 우리 조상들에게 결정적인 도움을 주지는 않았을까?

물론 나뭇가지로 창이나 갈고리를 만드는 것은 상당히 지적인 작업이다. 하지만 이런 일은 불과 몇 분이면 끝낼 수 있다. 이런 간단한 작업에는 특별한 지침이나 연습이 필요하지 않다. 시행착오를 거치며 방법을 터득해나갈 필요가 없다.

반면 단단한 돌로 칼을 만드는 것은 얼마나 어려운 일인지를 나는 뼈저리게 경험했다. 로메크위의 발굴 장소에서 연구원 캠프로 복귀한 뒤, 소니아 아르망은 대학생 그룹과 내게 현무암 덩어리를 건네주며, 원시적인 연장 몇 개를 만들어보라고 했다. 어떻게 하는 건지 일단 시범을 보여주고는 이젠 알아서 해보라고 했다. 우리는 오후 내내 돌을 두들겼다. 하지만 도무지 마음먹은 모양대로 돌을 깰 수가 없었다. 우리는 현무암 덩어리를 모로 세웠다가 옆으로 눕히기도 하고, 세게 던져서 돌에 더 큰 힘을 가해보기도 하고, 망치와 모루를 교체해보기도 했다. 하지만 무엇 하나도움이 되지 않았다. 마지막에 우리가 만들어낸 것은 버터나이프로도 쓸 수 없을 돌 파편 몇 개였다. 이때만큼 우리 조상들의 능력에 경외감을 느낀 적이 없었다.

아르망은 뗀석기를 만드는 기술을 익히려면 대개 몇 주간의 훈련을 거쳐야 한다고 말해주었다. 고고학을 공부하는 대학생들은 보통 150시간에서 300시간의 고생스러운 훈련을 거쳐야 겨우 연장이라 할 만한 것을 만들 수 있다. 온갖 시행착오 끝에 드디어 필요한 경험의 보고를 축적하게 되기까지 수백 시간이 필요한 것이다.[8]

아르망은 이와 비슷한 현무암 덩어리를 동물원에 가져갔다. 그리고 원숭이 우리에 앉아 우리에게 그랬듯이 유인원들에게도 어떻게 하면 돌로 뾰족한 석기를 만들 수 있는지 시범을 보여주었다. 그런 돌칼로 무엇을 할 수 있는지도 보여주었다.

침팬지들은 아르망의 행동을 굉장히 흥미롭게 관찰하더니, 곧장 돌로 돌을 내리치기 시작했다. 꽤 능숙했다. 예상한 대로였다. 브라질 북동부에 사는 작은 카푸친 원숭이들도 이보다 무른 돌을 두드려서 뾰족한 모서리를 부러뜨리기 때문이다.[9] 하지만 카푸친 원숭이들은 이런 뾰족한 돌로 뭔가를 자르는 대신, 부서져 나온 돌들을 핥기만 할 뿐이다. 암석 가루에 영양가 있는 미네랄 성분이 들어 있기 때문이다. 많은 굵직한 발견은 우연히 나온 것일 수 있다. 하지만 카푸친 원숭이들은 그 발견이 어떤 가치를 지녔는지를 알아차릴 만큼 영리하지는 않았다.

반면 침팬지들은 칼이 얼마나 유용할지를 아주 빠르게 이해했다. 아이디어도 넘쳐났다. 처음 몇 번의 시도로 잘되지 않자, 계속 방법을 바꿔가며 돌을 내리쳤다. 하지만 나보다 별로 낫지 않았다. 너무 약하거나 세게 내리쳤고, 돌을 적절한 각도로 잡지 못했다. 여하튼 날카로운 날을 가진 조각이 만들어지지 않았다. 그러자 침팬지들은 칼 만드는 일에 흥미를 잃고는 다른 일로 눈을 돌렸다.

창조성이 이해력과 독창성만의 문제라면 유인원은 우리 조상보다 훨씬 먼저 돌칼을 만들어냈을지도 모른다. 오늘날 동물원에서도 그런 능력을 선보여 우리의 감탄을 자아낼 것이다. 하지만 창조성이 단순히 즉흥적으로 번득이는 영감에서 유래한다고 주장하는 것은 신화뿐이다.

돌을 깨뜨려 뗀석기 하나를 만드는 데도 창조적 사고는 아이디어 이상의 것을 요구한다. 뚜렷한 보상이 보이지 않아도 실패를 감수하고, 부단히 목표를 향해 나아가는 노력과 의지가 필요하다.[10] 꽤나 복잡한 창조적 과업을 달성하는 사람은 기꺼이 오랜 시간을 미지의 영역에서 보낸다. 침팬지가 석기 제작에 실패하는 것은 지능이 모자라서가 아니라 자제력과 장기적으로 계획하는 능력이 부족해서다. 솔직히 말해 우리 역시 이로 말미암아 좌절하는 일이 부지기수다.

매력적인 실험에서 연구자들은 약 300만 년 전에 초기 인류에게 일어났을 법한 장면들을 동영상에 담았다. 실험에 참가한 두 마리의 보노보 원숭이(몸집이 작고 침팬지를 닮아 피그미 침팬지라고도 한다)는 오늘날 그 어떤 동물보다 우리의 먼 조상과 가깝다. 보노보 원숭이의 뇌는 먼 옛날 투르카나호 기슭에서 석기를 만들던 사람들의 뇌와 크기 및 구조가 흡사하다. 신체 구조와 키도 그다지 다르지 않다. 보노보 원숭이의 게놈은 인간의 게놈과 0.3퍼센트밖에 차이 나지 않는다.[11]

실험에 참가한 두 마리의 보노보는 특별한 원숭이들이었다. 칸지와 판비샤는 태어나면서부터 미국의 연구소에서 살았고, 최근에는 아이오와주의 연구소에서 살고 있다. 영장류학자인 수전 새비지-럼보Susan Savage-Rumbaugh가 이들을 키우고 특별한 교육을 시킨 결과, 칸지는 '말하는 원숭이'로 명성을 얻었다. 40세가 된 칸지는 기호가 표시된 컴퓨터 키보드를 통해 자신의 소망, 감정, 생각을 전달할 수 있다. 칸지의 어휘력은 약 500단어에 이르고, 영어 대화도 알아듣는다. 2012년 사망한 판비샤는 칸지보다 더 많은 어휘를 익혔다.

1990년 학자들은 이 두 마리의 보노보 원숭이에게 돌 깨뜨리는 방법을 가르치기 시작했다.[12] 규칙적으로 가르치고 상을 주고 격려해주면서 몇 주간 훈련시킨 결과 당시 9세였던 칸지는 작은 석기를 만들어, 간식이 담긴 상자를 묶은 줄을 잘랐다. 이런 성공에 고무되고, 계속 맛있는 간식으로 보상받은 칸지는 연습을 계속했다. 연구자들은 이런 과정을 관찰함으로써 약 300만 년 전 선행인류가 로메크위 언덕에서 연장 만드는 법을 배울 때 대략 어떤 일이 있었는지를 짐작할 수 있었다. 몇 달 지나지 않아 칸지는 새로운 기술을 발견했다. 돌을 머리 높이 쳐들었다가 우리의 타일 바닥에 힘껏 던지면, 힘들게 두드려대는 것보다 쓸 만한 파편이 더 많이 생겨난다는 것을 알게 되었다.

새비지-럼보는 칸지의 열정을 잠재우기 위해 타일 바닥 위에 카펫을 깔았지만 칸지는 카펫을 찢어버렸고, 결국 칸지는 나무 바닥을 깐 우리로 이사해야 했다. 그곳에서 칸지는 다시 창의성을 발휘했다. 더 작은 돌로 더 큰 돌을 조준하기 시작했고, 시간이 흐르면서 아주 정확하게 내리쳐서 점점 더 날카로운 날을 만들어냈다. 몇 달 뒤에는 다시 인간 교사가 처음에 가르쳐주었던 두드리는 기술로 돌아가 점점 좋은 솜씨를 선보였다. 스스로 만든 칼로 군것질거리가 담긴 용기를 열기도 하고, 우리에 놓인 일인용 소파의 가죽 커버를 찢어놓기도 했다.

반면 판비샤는 처음에는 석기 제작에 참여하지 않았다. 석기 제작을 가르치고 얼마 지나지 않았을 때, 그냥 포기해버리고 칸지가 점점 더 그럴듯한 연장을 만들어내는 모습을 관심 있게 지켜보기만 했다. 하지만 어느 날 보통 때처럼 남성 과학자가 아니라 여성 인류학자가 칸지에게 석기 만드는 법을 가르쳐주러 나타나자 판비샤는 오랫동안 손도 대지 않았던 돌을 집더니 평소 칸지가 했던 대로 두드러대는 것이었다. 그리고 얼마 뒤에 칸지만큼이나 멋진 석기를 완성했다. 마치 여성 본보기가 필요했던 것처럼 말이다.

칸지와 판비샤는 유인원으로서는 드물게 비상한 지능을 가지고 있었다. 학자들은 다른 보노보 원숭이나 침팬지에게도 그림 기호를 활용해 의사소통하는 법을 가르치려 했지만 보통은 칸지와 판비샤처럼 많은 단어를 습득하지 못했다. 그러나 칸지와 판비샤도 그냥 둘에게만 맡겨놓았다면, 석기를 만들지 못했을 것이다. 그들은 돌봐주는 사람들과 의사소통하는 정도가 다른 보노보 원숭이들과 현격히 차이가 났다.

이런 환경이 비로소 그들이 오랜 시행착오를 거칠 수 있도록 동기부여를 해주고, 적절한 지식을 전해주었던 것이다. 칸지와 판비샤는 격려와 보상이 필요했고, 인간 친구들을 기쁘게 해주고 싶은 마음이 있었을 것이다. 판비샤 앞에 여성 석기 제작자가 등장하지 않았더라면, 칸지가 인간을 제외한 유일한 석기 제작자로 남았을 것이다. 두 보노보의 창조적 성취는 그들의 뛰어난 재능보다는 그들이 맺은 관계 덕분에 가능했다.

동기부여보다 더 중요한 것은 그들이 지도를 받았다는 것이다. 소니아 아르망이 연장 만드는 법을 가르치려다 실패한 침팬지들과 달리, 칸지와 판비샤는 교사들과 의사소통이 가능했다. 다년간의 언어 연습으로 그림 기호를 이해하고 영어를 알아들었을 뿐만 아니라 상대의 마음과 의도를 헤아리는 훈련도 받은 상태였다. 인간의 문화가 칸지와 판비샤의 사고에 영향을 미쳐서, 그렇지 않으면 불가능했을 지적 성취를 가능하게 했던 것이다.

새로운 것은 어떻게 생겨나는가

훨씬 더 큰 뇌를 가진 현생인류인 호모사피엔스 역시 수백만 년 전에 조상들이 사용했던 가장 단순한 도구를 만들려고 해도 문화를 필요로 한다. 지금도 석기시대와 다름없는 생활을 하는 극소수의 종족은 아무도 외따로 떨어져 혼자 망치질을 하지 않는다. 파푸아뉴기니의 원시림에서는 사람들이 함께 모여 석기를 만든다. 초보자는 지도를 받으며, 숙련된 제작자들도 다음번에 돌을 어떻게 깨뜨릴지를 서로 의논한다. 모두가 서로를 지원해준다. 무리 중 한 사람이 멋진 석기를 만들어내면, 환호성을 보내준다.[13]

창조적인 활동에는 본보기가 필요하다. 성공은 교사와 학생이 어떻게 의사소통하는가에 좌우된다. 무작정 현대인의 손에 돌도끼 재료를 쥐여주면, 석기시대 사람을 제트기 조종석에 앉힌 것과 마찬가지로 속수무책 상태가 된다. 2017년 스페인의 고생물학자들은 선사시대의 연장을 만드는 일에 신참들을 투입하면서 그들을 세 그룹으로 나눴다. 첫 번째 그룹에게는 전문가들이 어떻게 연장을 만드는지 시범만 보여주었다. 두 번째 그룹에게는 시범을 보여주고 손짓으로 조언을 구하게 했지만, 말을 하지는 못하게 했다. 세 번째 그룹만 시범에 더해 자유자재로 말을 할 수 있었다.[14]

이 실험 결과는 이젠 뭐든 온라인으로 배울 수 있기에 굳이 대면 수업을 할 필요는 없다는 생각에 회의를 불러일으킨다. 실험에서 돌을 다루는 모습을 눈으로만 보고 교육자와 의사소통할 기회가 없었던 첫 번째 그룹은 제스처나 언어로 소통할 수 있었던 두 번째, 세 번째 그룹에 비해 결과물이 훨씬 좋지 않았다. 그럼에도 첫 번째 그룹은 가장 열심히, 그러니까 다른 그룹보다 거의 두 배의 시간을 들여 망치로 돌을 두드려댔다. 하지만 아무런 조언을 받지 못하는 상태에서 자기들끼리 열심히 할수록 날의 상태는 비참할 정도로 뭉툭해졌다. 가장 큰 차이는 교육자들이 퇴장한 다음에 극명하게 드러났다. 자기들끼리만 남겨지자 교육자들과 말로 의사소통을 했던 그룹만 제대로 석기를 만들 수 있었다. 눈으로만 보거나 제스처까지만 사용한 그룹은 반쯤 습득한 능력을 안정적으로 구사하지 못했다.

인간이 언제부터 말로 서로 소통하기 시작했는지는 알 수 없다. 목소리는 고고학적 흔적을 남기지 않으므로, 인류의 언어 사용에 대한 가설은 열 가지가 넘는다. 아이와 어머니 간의 옹알이가 최초의 발화로 이어졌다고 주장하는 학자들도 있고, 언어를 사용한 시점을 훨씬 나중으로 가정하여, 모닥불 앞에서 노닥거리던 행동이 언어의 기원이 되었다고 보는 학자들도 있다.

하지만 로메크위의 발굴물에 비추어 보면 이 모든 이론은 별로 신빙성이 없다. 300만 년 전에 석기를 만든 사람들이 이미 서로 의사소통을 할 줄 알았다는 사실에 별 의심의 여지가 없어 보이기 때문이다. 물론 그들은 후세 사람들처럼 유창하게 말을 하지는 못했을 것이다. 성대와 입이 아직 제대로 된 단어를 만들어내지 못했을 것이다. 300만 년 전의 초기 인류가 내는 소리는 휘파람 소리, 개 짖는 소리, 유인원의 그르렁거리는 웃음소리와 비슷했을 수도 있고, 유인원처럼 개별적인 소리와 제스처로 의사소통을 했을 수도 있다. 하지만 한 가지 중요한 차이가 있었다. 유인원의 제스처와 소리는 타고난 것이라서 그 상태에서 더 이상 발전이 없는 반면,[15] 투르카나 호숫가에서 석기를 만들던 사람들은 이미 새로운 상황을 위한 신호를 만들어냈던 것이 틀림없다. 서로의 뜻에 맞춰주고 서로 복잡한 의견을 주고받는 능력이 없었다면, 석기 제작을 수천 년간 이어갈 수 없었을 것이다.

문화는 보여주는 것에서 시작되었고, 기술이 발달할수록 의

사소통도 더 정교해져야 했다. 의사를 더 정확히 표현할 수 있는 개인과 무리는 서로에게서 배우기가 더 쉽다 보니 유리한 상황에 놓였다.

그 결과 뇌 구조가 발달했다. 우리가 말을 하고 언어와 제스처를 이해하는 것은 뇌 속에 있는 복숭아씨 크기의 특정 영역 덕분이다. 이 영역은 대개 왼쪽 관자놀이에 위치하며, 10명 중 한 명 꼴로 대뇌의 우반구에 자리 잡고 있다. 프랑스 외과의사 폴 브로카Paul Broca가 1861년에 이 영역을 발견하여 브로카 영역이라는 이름이 붙었다. 당시 폴 브로카는 이 영역이 손상된 사람은 목소리를 내는 데는 문제가 없어도 더는 말을 할 수 없다는 것을 발견했다. 그런데 최근 말하는 것, 보여주는 것, 모방하는 것 사이에 긴밀한 연관이 있고, 브로카 영역이 이를 관장한다는 사실이 밝혀졌다. 브로카 영역은 언어를 통한 의사소통뿐만 아니라 손가락 움직임, 제스처, 보디랭귀지를 통한 의사소통도 조절한다. 인간이 타인의 활동을 모방하는 데 독보적인 존재가 된 것은 브로카 영역 덕분이다.[16]

초기 인류가 호모사피엔스로 진화하는 과정에서 브로카 영역이 풍선처럼 부풀어 올랐다. 그리하여 현생인류의 브로카 영역은 침팬지보다 여섯 배 이상 크다. 인간과 침팬지의 뇌 용적은 세 배밖에 차이 나지 않는데 말이다.[17] 인간의 브로카 영역이 인간의 가장 가까운 친척 동물보다 훨씬 더 크고 뛰어나다 보니, 인간은 언어를 말하는 동시에 타인의 행동도 정확하게 모방할 수 있다. 제스처와 행동을 보여주면 유아들도 어떤 유인원보다 더 참을성 있고, 정확하고, 즐겁게 따라한다.[18]

주저 없이 서로를 모방함으로써 인간은 이미 어릴 적부터 주변의 칭찬을 받는다. 인간이 생존할 수 있는 것은 모방의 재능 덕분이기 때문이다. 모방 능력이 없었다면, 인류의 조상은 더 나은 도구를 만들지 못했을 것이고, 호모사피엔스는 결코 지구상에 출현하지 못했을 것이다.

이것이 바로 로메크위의 석기들이 전해주는 메시지다. 인간이 서로에게서 배울 줄 알게 된 것이 바로 첫 번째 사고 혁명이었다. 다른 사람의 발명품을 능숙하게 모방할수록, 자신의 착상도 풍부해졌다. 새로운 것은 한 사람의 머릿속이 아니라 사람들 사이에서 생겨나기 때문이다. 그 누구도 오로지 혼자서 생각하는 사람은 없다.

2장

기하급수적인
발전

우리의 창조성은 예술작품, 음악, 이야기에서 드러난다. 그러나 주변의 것들에서도 창조성을 엿볼 수 있다. 21세기에 운이 좋아 선진국에 살고 있다면, 집 안에 많은 물건이 있을 것이고, 이를 당연하게 여길 것이다.

우리는 대부분의 물건에 별로 주의를 기울이지 않고, 평소에는 어디 구석에 보관해놓았다가 필요할 때에야 그런 물건을 떠올린다. 우리 집 지하실 선반에는 평범한 주황색 플라스틱 공구함이 놓여 있다. 나는 평소 집에서 뭘 뚝딱뚝딱 만들어대는 사람이 아니므로, 기껏해야 뭔가가 고장 났을 때나 공구함을 꺼낸다. 그런데 그 소박한 공구함에 얼마나 다양한 공구가 들어 있는지 모른다! 여러 가지 공구가 어지럽게 놓여 있는 가운데 집게만 해도 여섯 종류나 된다. 못을 뽑을 때 쓰는 방울집게 하나, 수도 설비를 손볼 때 쓰는 파이프 집게 두 개에, 평집게도 두 개인데 그중 하나는 잡는 부분이 직선으로 되어 있고, 하나는 스프링이 달려서 아가리처럼 벌렸다 닫았다 할 수 있다. 전선을 교체할 때는 절연 집게와 커팅 집게가 필요하다. 벨트 조절에 쓰기 위해 펀치 집게도 구비하고 있다. 무선 드라이버, 드릴, 접착제, 브러시, 스패너, 쇠줄도 이런 식으로 나열할 수 있다. 공구함의 내용물을 죽 늘어놓고 분류해본 결과, 공구가 무려 103가지나 되었다. 별것 아닌 것처럼 보이는 송곳들, 십자드라이버 하나하나가 모두 반짝이는 아이디어에서 탄생했으니, 나의 공구함은 가히 창조적 지능의 기념비라 할 만하다. 오늘날 어디로 눈을 돌리든 간에 인간의 창조성을 보여주는 물건이 넘쳐난다. 반짝이는 아이디어로 삶을 더 쉽고 즐겁게 만들고 싶은 타고난 충동이 인간에게 내재되어 있는 것처럼 보인다.

그러나 역사는 이런 멋진 상상에 회의감을 불러일으킨다. 물론 우리는 옛날 사람들이 고안해낸 영리한 것들에 감탄한다. 베르사유궁에 있는 거울의 방과 분수를 둘러보기도 하고, 고대 로마의 공중목욕탕에 이미 중앙난방 시설이 갖춰져 있었다는 사실에 혀를 내두르며, 박물관에서 파라오 시대의 외과수술 도구를 보고 놀라움을 금치 못한다. 그러면서 오늘날 우리가 누리는 (그리고 가끔 짜증도 불러일으키는) 거의 모든 것이 얼마나 최근에 생겨났는지 간과하기 쉽다. 현재가 더 큰 현실을 보지 못하게 우리의 시선을 차단한다. 어딜 가든 인터넷이 되는 오늘날의 우리는 인터넷 없는 세상을 상상하지 못하지만, 불과 20년 전만 해도 결코 당연한 일이 아니었다.

330만 년에 걸친 발명

역사의 오랜 기간 인류에겐 정말이지 거의 아무것도 없었다. 그림 1에서 가로축은 시간을 보여준다. 기존에 알려진 가장 오래된 석기가 제작된 시점부터 70만 년 전까지는 그 이후 기간보다 일곱 배 압축해서 나타냈다. 세로축은 해당 시대에 인류가 가지고 있었던 물건의 수를 보여준다. 이 수는 고고학적 발굴을 근거로 계산한 것이다. 그림 1의 그래프는 우리 조상들이 수백만 년간 새로운 물건을 발명해나간 속도가 얼마나 느렸는지를 보여준다. 아이디어가 급증하기 시작한 것은 상대적으로 최근의 일이다. 지난 몇백 년간의 실제 증가세는 이 그래프에 묘사된 것보다 훨씬 더 가팔랐다. 그도 그럴 것이 이 그래프의 척도는 로그 눈금을 따르기 때문이다. 즉 세로축의 각 눈금은 열 배 차이가 난다.

사용 가능한 물건의 개수는 문화의 풍성함을 보여주는 척도다. 또 다른 문화의 척도는 이용 가능한 정보다. 그림 2는 사람이 서로 얼마나 많은 정보를 전달할 수 있었는지를 보여준다. 선사

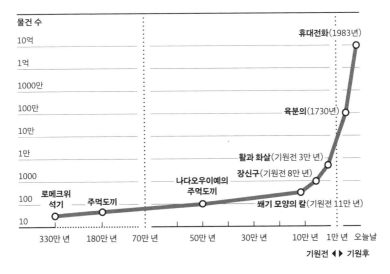

- **그림 1** 역사가 흐르면서 인간이 고안해낸 물건의 수는 기하급수적으로 증가했다.

시대 인간은 주변에서 하는 말을 통해서만 타인의 생각과 지식을 전해 들었다. 그러다가 고대에 문자가 등장하면서 글을 아는 사람은 멀리 있는 사람과도 생각을 나눌 수 있었고, 나아가 이미 세상을 떠난 사람과도 생각을 공유할 수 있었다. 그렇게 정보가 시간을 뛰어넘어 축적되었다. 근대 초기에 인쇄술이 발명되어 지식과 정보를 임의로 확대 재생산할 수 있게 되자 유통되는 정보량은 가파른 상승 곡선을 그렸고, 20세기 후반부터는 거의 모든 지식을, 인류의 거의 모든 아이디어를 전자적 형태로 저장하고, 인터넷을 통해 불러올 수 있게 되었다.

발명품과 정보의 증가는 인간의 정신 활동을 반영한다. 발명

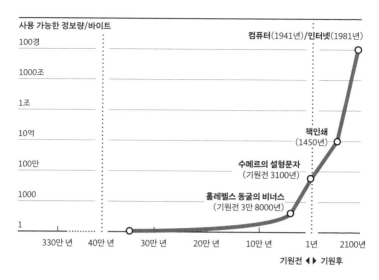

사용 가능한 정보량/바이트

100경
1000조
1조
10억
100만
1000
1

컴퓨터(1941년)/인터넷(1981년)

책인쇄
(1450년)

수메르의 설형문자
(기원전 3100년)

홀레펠스 동굴의 비너스
(기원전 3만 8000년)

330만 년   40만 년   30만 년   20만 년   10만 년   1년   2100년

기원전 ◀▶ 기원후

● **그림 2** 인간이 유통시킨 정보량도 기하급수적으로 증가했다.

품과 정보 모두 기하급수적 상승 곡선을 그린다. 자연과 사회에서 벌어지는 많은 과정은 기하급수적 성장 법칙을 따른다. 전염병이 무차별적으로 확산되거나 복리로 자산이 증가하는 과정도 그렇다. 모든 기하급수적 성장의 특징은 계속 가속도가 붙는다는 것이다.

앞의 두 그래프 곡선이 말해주듯, 우리는 현재 비범한 창의성의 시대에 살고 있다. 오늘날 인류는 레오나르도 다빈치, 미켈란젤로 같은 거장과 더불어 창조적 사고의 황금시대였던 르네상스기와도 비교되지 않을 만큼 대단한 아이디어를 쏟아내고 있다. 앞으로 이런 상승이 계속되면서 새로운 것이 더 빈번하고 더 빠르게 세상에 쏟아져 나올 것이다. 기하급수적 증가에서 가속은 더욱 가속되기 마련이다. 따라서 변화의 속도가 계속 증가할 뿐만 아니라 속도가 증가하는 속도도 증가한다. 그러므로 우리는 다음 몇십 년간 우리 조상이 몇백만 년간 경험했던 것보다 더욱 굵직한 변혁을 더 많이 경험하게 될 것이다.

어떻게 이렇게 가속되었을까? 우리 조상들의 삶은 몇백만 년 동안 거의 변화가 없었다. 로메크위의 석기는 인간이 물건을 소유했음을 보여주는 가장 오래된 증거다. 아마도 최초의 석기 제작자들은 오늘날 아프리카 숲에 사는 침팬지들처럼 막대기를 깎아 창을 만들었을 것이다. 이 초기 인류의 연장은 기껏해야 20~30가지로 이루어져 있었다.[1]

그리고 오랜 세월 그 상태를 유지했다. 돌 연장으로 자연의 거의 모든 재료를 다룰 수 있다는 대단한 사실을 발견한 뒤, 석기 제조 기술은 오랫동안 제자리걸음을 했다. 돌로 칼, 긁개, 삽을 만들 때 딱딱한 돌덩어리를 내리쳐서 한쪽 면에만 하나 혹은 여러 개의 날을 만들고 다른 쪽은 그대로 남겨두었다. 이렇게 한쪽만 가공한 석기를 약 150만 년간 사용했다.

그렇게 5만 세대 이상이 태어나고 죽은 뒤, 드디어 돌을 양쪽 모두 가공할 수 있다는 인식이 자리 잡았다. 그 결과 위로 갈수록 모양이 뾰족해지는 배 모양의 주먹도끼가 탄생하여, 180만 년 전 새 시대를 열었다. 새로운 연장이 예전 연장보다 무조건 성능이 좋은 것은 아니었고 만들기도 더 어려웠다. 하지만 어마어마한 장점이 있었다. 좋은 주먹도끼는 칼, 긁개, 삽, 도끼, 망치가 될 수 있었다. 그래서 그것만으로 모든 도구를 대신할 수 있었고, 무겁게 이것저것 다 들고 이동하지 않아도 되었다.[2]

주먹도끼는 새로운 인류의 도구였다. 호미니드로부터 '직립인' 호모에렉투스가 진화해 나왔던 것이다.[3] 호모에렉투스의 가장 오래된 화석은 소니아 아르망이 석기를 발견한 언덕에서 불과 몇 킬로미터밖에 떨어지지 않은 투르카나호 기슭에서 발견되었다. 그곳에서 여러 개의 두개골과 하나의 온전한 신체 골격을 찾을 수 있었다. 이 뼈들은 190만 년 전에서 160만 년 전의 것으로 추정되었지만 놀라울 정도로 현대인의 신체 구조와 비슷했다. 호모에렉투스는 키가 거의 현생인류에 필적하고, 뇌 용적은 초기 호미니드의 두 배 이상이었지만 아직 현생인류의 뇌 용적에는 미치지 못했다. 큰 몸집과 몸집에 비해 엄청나게 커진 뇌, 이 두 가지는 도구 사용으로 개선된 영양 섭취의 산물이었다.

호모에렉투스는 불을 통제하고 세계를 정복했다. 그들은 동아프리카에서 이주하여 180만 년 전에 이미 캅카스에 이르렀고, 중국과 인도네시아까지 뻗어나갔다. 그러고는 전 유럽으로도 퍼져나갔다. 유럽에서는 호모에렉투스로부터 네안데르탈인이 출현했다.

이 용감한 정복자는 세 대륙에 흔적을 남겼다. 이들은 선조들보다 더 진취적이었고 정신적으로나 기술적으로 더 우위에 있었다. 당시 세계를 장악한 호모에렉투스는 얼마나 창조적이었을까? 고고학적 발굴물은 이후 다시 5만 세대가 지나는 동안 주먹도끼 외에 별다른 발명품은 없었음을 보여준다. 숙련된 석기 제작자들은 쐐기 모양의 칼, 긁개, 무엇보다 점점 더 예리한 날을 만들었다.

사냥한 동물의 뼈에 남은 칼자국은 사냥꾼이 동물의 가죽을 벗길 때도 주먹도끼를 사용했음을 보여준다. 벗겨낸 가죽도 활용했을 것이다. 동물의 뼈와 뿔도 활용할 수 있었을 테지만 그러지 않았다. 주먹도끼의 날로 뼈나 뿔을 깎아 갈고리 등 유용한 물건을 만들 수 있었을 텐데. 하지만 아무도 이런 생각을 하지 못했다. 석기 제작자들은 150만 년 이상 쐐기 모양의 석기만 남겼다. 다른 생각을 하지 못하게 하는 내적 강박이 있었던 것처럼.

호모에렉투스의 석기 제작 솜씨는 보통이 아니었다. 역사상 최초로 호모에렉투스 안에서 아름다움에 대한 동경이 깨어났고, 호모에렉투스는 이런 욕구를 그 시대의 가장 보편적인 물건으로 충족시켰다. 고고학자들은 시리아 사막 분지 가장자리에 있는 나다우이예Nadaouiyeh에서 50만 년 전에 만들어진 굉장히 정교한 주먹도끼들을 발굴했다. 이 주먹도끼들은 삼각형, 방울, 아몬드, 하트 모양으로 완벽하게 대칭을 이루었고 표면이 매끈하게 연마되어 광택이 났다. 이렇게 세심하게 공들여 만든다고 쓰임새가 더 좋아지는 것은 분명 아니다.[4] 그저 아름답고 세련되게 만들고 싶었기 때문에 이렇게 신경 쓴 것이 틀림없다. 호모에렉투스의 미적 감각은 문화와 삶에 중요한 도구에서 표현되었다.

약 35만 년 전쯤에 서서히 물건이 다양해지기 시작했다. 돌칼과 예리한 송곳이 탄생했다. 석기 제작자들은 복합적인 기술로 재료를 준비하여, 단 한 번 노련하게 내리쳐서 원하는 석기를 떼어냈다. 덕분에 더 얇고 예리한 날이 탄생했다. 주먹도끼 시대에는 계속 같은 물건을 만들었던 반면, 이제는 다양한 결합을 시도하기 시작했다. 작살 끝부분에 부싯돌로 만든 촉을 장착하기도 하면서 최초로 복합적인 도구를 제작했다.

이어지는 30만 년에 대한 고고학적 연구 결과는 매우 느린 해방의 이야기처럼 읽힌다. 먼 옛날 조상들이 250만 년간 성공적으로 실행했던 아이디어들을 고수한 끝에, 이제 인류는 선조들이 하지 못했던 생각을 할 수 있게 되었다. 기름 램프를 고안하여 동굴을 밝히고, 의복을 만들어 입고, 광물과 식물에서 염료를 추출하고,[5] 시신을 매장했다. 유럽에서는 20만 년 전 호모에렉투스의 후예인 네안데르탈인이 자작나무 껍데기에서 추출한 타르를 끓여 만든 접착제로 나무 손잡이에 돌로 만든 날을 붙였다.[6] 아시아의 호모에렉투스는 배를 제작하고 이를 이동수단으로 삼아 드디어 호주에 다다랐다.

이 시대에 인류의 정신적 민첩성은 더 좋아진 머리 덕분이기도 했다. 호모에렉투스가 출현한 이래 뇌 용적은 계속 늘어났다. 가장 오래된 호모에렉투스의 화석은 뇌 용적이 850세제곱센티미터였는데, 네안데르탈인 남성의 뇌 용적은 최대 1700세제곱센티미터에 달하여, 현생인류보다도 컸다. 물론 크다고 무조건 좋은 것은 아니다. 코끼리 뇌는 용적과 무게가 인간을 훨씬 능가한다. 하지만 코끼리는 몸집도 크다. 몸의 크기와 비교한 뇌 크기가 지능에 대한 신뢰성 있는 기준이 된다. 즉 일반적으로 몸의 크기에 비해 뇌가 클수록 지능이 높다. 그러므로 우리 조상들의 지능이 쑥쑥 늘었다고 말할 수 있다. 약 180만 년 전에 호모에렉투스가 출현한 이래 키는 거의 변하지 않은 반면 뇌는 두 배로 커졌다.[7]

그밖에 현대인으로 진화하는 과정에서 뇌 구조도 변하여, 이성이 여러모로 능력을 발휘할 수 있게 되었다. 관자놀이에 위치한 브로카 영역도 커졌다. 1장에서 말했듯이 브로카 영역은 언어처리와 시선 및 제스처를 통한 의사소통뿐만 아니라 모방 능력도 담당한다. 브로카 영역의 성장은 180만 년도 더 전에 일어났다.[8]

나중에는 창조성과 더 직접적으로 연관된 또 다른 대뇌 영역도 커졌다.[9] 앞이마에 위치한 브로드만 영역 10은 감각적 인상을 의도와 결합해 행동을 계획하고, 적절한 기억을 불러오게 한다. 뇌졸중으로 이 영역이 손상되면 창의적 사고 능력이 소실된다.[10] 브로드만 영역 10은 연상적이고 복합적인 사고에 도움을 주는 것이 틀림없다.[11]

호모사피엔스가 한 일

　이렇듯 생각은 움직이기 시작했으나 여전히 느릿느릿 발전했다. 인류가 제작하는 물건은 변화하기 시작했지만 수만 년에 걸쳐 그렇게 된 것이고, 대부분은 변화하지 않았다. 15만 년 전의 사람들이 아이디어가 부족하고 창조성이 없어서 그런 것은 결코 아니었다. 고고학적 발굴은 계속해서 좋은 생각들, 나아가 대담한 생각들이 나왔음을 보여준다. 하지만 그런 생각들은 곧장 잊혔다. 아무도 그런 생각들을 넘겨받지 못해서 생각들이 확산되지 않았기 때문이다. 가령 주먹도끼보다 훨씬 예리하고 다루기 쉬운 날씬한 돌날과 돌칼도 만들어졌다. 하지만 이런 새로운 기술은 확산되지 못했다. 이 시대의 날렵한 돌칼들은 모로코, 탄자니아, 남아프리카공화국의 몇 군데에서만 발굴되었고, 그 외 세계 각지의 발굴지에서는 이미 구식이 된 주먹도끼만 나왔다.[12]

　인간은 어찌하여 그토록 오랫동안 뼈나 엄니로 뭔가를 만들 생각을 하지 않았던 것일까? 뼈나 엄니는 쉽게 구할 수 있고, 돌보다 다루기 쉬운 재료인데 말이다. 뼈로 만든 최초의 도구는 8만 년 전쯤에야 비로소 탄생했다. 남아프리카와 중앙아프리카 동굴에서 산발적으로 발견되는 새기개와 칼날이 바로 그것이다. 하지만 새기개와 칼날은 그곳에서만 발굴되었다.[13] 이 시기에 인류는 희망봉에서 영국, 지브롤터에서 인도네시아에 이르기까지 지구의 절반에서 살게 된 지 오래였지만, 뼈로 만든 물건이 다른 지역에서도 일반화되기까지는 다시 5만 년이 걸렸다. 그때까지 1500세대가 태어나고 죽었다.

하지만 그런 다음에는 변화가 대폭 가속되었다. 인류가 그동안 영겁에 걸쳐 게을리해온 일을 단기간에 만회하려 했던 것처럼, 진보된 기술이 약 4만 년 전에 단번에 자리를 잡았다. 날렵하고 다루기 쉬운 돌칼과 단도가 곳곳에서 등장했다. 뼈로 만든 촉과 부싯돌로 만든 날카롭고 작은 날이 창을 정교한 무기로 만들어주었다. 활과 화살은 물론, 뼈와 뿔로 만든 낚싯바늘과 작살로 새로운 식량 공급원을 개척할 수 있었다. 그물과 그물추도 고안되었다. 뼈를 깎아 만든 최초의 바느질용 바늘 덕분에 옷 짓기가 더 쉬워졌다. 상아 역시 널리 활용되었다. 이 시대의 발굴지에서는 장신구가 점점 더 자주 눈에 띈다.

마지막 빙하기가 도래하여 현재 남독일 지역의 여름 평균 기온은 거의 영상으로 오르지 않고 북독일은 얼음으로 꽁꽁 뒤덮여 있는 동안, 예술적 창조의 불꽃이 타올랐다. 음악이 울려 퍼졌고 조각이 탄생했다. 인류가 음악과 구상예술로 자기표현을 했음을 보여주는 최초의 증거가 슈바벤알프스산맥(독일 남서부에 있는 산맥)에서 발견되었다. 2008년 고고학자들은 이곳에서 두 가지 놀라운 발견을 했다. 우선 석회동굴에서 지금까지 알려진 최초의 악기를 발굴해냈다. 약 4만 년 전, 그리폰 독수리 뼈와 상아로 제작된 여러 개의 피리가 그것이었다.[14] 두 발굴지 중 한 곳인 홀레 펠스 동굴에서는 상아로 만든 조형물도 발굴되었다. 엄지 크기의 조각으로 풍만한 가슴과 배를 가진 여성의 토르소였다. 피리와 동시대의 것으로 보이는 이 작품은 지금까지 알려진, 최초의 인체 조각이다.

뒤이어 예술가들은 남프랑스의 쇼베 동굴에 거대한 벽화를 남겼다. 이 벽화는 300마리 이상의 동물을 사실적으로 재현해놓았다. 순록, 들소, 오로크스(소목 소과의 멸종된 포유류 - 옮긴이), 사자 등으로 이루어진 동물 떼가 정말 훌륭하게 묘사되어 있다. 다년간 미술 훈련을 받았을 법한 능숙한 솜씨다. 암벽을 장식한 사자의 근육에는 명암 효과도 뚜렷하다. 코뿔소들이 서로 싸우는 듯, 화를 내며 뿔을 맞대고 있다. 원근감 있게 표현된 말 떼가 관찰자를 지나 출구 쪽으로 달려간다.

인상적인 그림, 조각, 피리, 새롭고 정교한 도구들은 인류가 새 시대로 들어가고 있음을 보여준다. 바야흐로 문화가 급격히 발달하기 시작한 새 시대가 열린 것이다.

이렇게 약 4만 년 전에 문화 발달이 가속된 것은 무슨 이유였을까? 가장 단순한 이유는 당시 인류 스스로가 변화했다는 것이다. 그즈음 유럽에 대규모 인구 유입이 있었다는 사실이 이 이론을 뒷받침해준다. 5만 년 전 이주민들이 소아시아에서 발칸 반도를 지나 북쪽으로 밀려들기 시작해, 약 1만 년 뒤에는 얼음에 덮이지 않은 유럽 전 지역에 이르렀다. 그때까지는 네안데르탈인만 살던 지역이다.[15] 이주민은 원주민과 생김새가 달랐다. 체격도 약간 더 작고 덜 다부졌다. 이마는 높았다. 네안데르탈인과 달리 뒷머리가 길게 튀어나와 있지 않아 뇌 용적은 작았다. 눈 윗부분도 불룩 튀어나와 있지 않았다. 이 이주민들은 지혜로운 인간, 즉 호모사피엔스라 불린다.

많은 교양서, 심지어 전문서들까지도 호모사피엔스가 이름에 걸맞게 뛰어난 지적 능력을 갖추고 있었고, 덕분에 약 4만 년 전에 본격적으로 인류의 역사가 시작될 수 있었다고 이야기한다. 이런 설명은 부인할 수 없는 장점을 가지고 있다. 일단 단순하고 이해하기 쉽다. 그리고 우리, 즉 현대의 호모사피엔스의 귀에 좋게 들린다. 하지만 설명하기 편하고 자존감에 도움이 된다고 해서 꼭 사실인 것은 아니다. 세계사를 호모사피엔스의 우수성으로 설명하는 것은 꽤 유쾌할지 모르겠지만, 세 가지 사실이 그 설명에 들어맞지 않는다.

첫째, 호모사피엔스가 어떤 존재인지 아무도 정확히 모른다. '호모' 속에 속한 여러 종을 서로 어떻게 구분해야 할지 불분명하기 때문이다. 사람들은 종종 호모사피엔스와 네안데르탈인을 서로 다른 종으로 본다. 그러나 생물학에는 '종'이라는 개념에 대한 정의가 최소 대여섯 가지는 된다. 가장 널리 퍼진 견해는 서로 교배하여 번식이 가능한 생물을 하나의 종으로 보는 것이다. 아랍 말과 하플링거는 서로 교배하여 번식 가능한 후손을 만들어낼 수 있으므로, 같은 종인 '가축화된 말Equus ferus caballus'에 속한다. 반면 가축화된 말과 당나귀는 다른 종이다. 이들의 후손인 노새 혹은 버새는 번식이 불가능하기 때문이다.

하지만 5만 년 전쯤 유럽으로 이주한 호모사피엔스와 이미 그곳에 살고 있던 네안데르탈인은 함께 번식 가능한 후손을 낳았다. 그 후손이 바로 유럽인이다. 오늘날 유럽인의 유전자에는 이주민인 호모사피엔스와 원주민인 네안데르탈인의 유전자가 섞여 있다. 유럽인의 조상 중에는 최소한 한 명의 네안데르탈인이 있다. 네안데르탈인은 호모사피엔스에 의해 멸절되지도 멸종되지도 않았다. 그보다는 이주민들에게 흡수되었다. 네안데르탈인의 유전자는 현대 유럽인의 게놈에 1~4퍼센트 정도 반영되어 있다. 호모사피엔스가 유럽인의 두 조상 중 몸집은 더 작았지만, 더 성공적인 조상이 되었다. 이주민의 유전자가 더 잘 퍼져나간 것은 단지 그들이 수적으로 원주민보다 많았기 때문이었을 것이다. 따라서 호모사피엔스는 새로운 종의 인류가 아니라 초기 인류 중에서 우리와 가장 유사한 해부학적 특징을 지니고 있었을 따름이다.

둘째, 4만 년 전에 호모사피엔스는 전혀 신인류가 아니었다. 유전자 연구에 따르면 약 30만 년 전에 이미 아프리카에서 해부학적으로 현대적인 인간이 호모에렉투스로부터 진화해 나왔다.[16] 하지만 그들의 문화는 왜 훨씬 나중에야 급속히 전개되기 시작했을까? 미국 스탠퍼드대학교의 고생물학자 리처드 클라인Richard Klein을 비롯한 여러 연구자는 5만 년 전 "신경계의 변화"가 갑자기 호모사피엔스를 더 똑똑하게 만들었다고 주장한다. "현대인이 비상한 혁신 능력"을 갖추게 된 것은 우연한 유전자 돌연변이 덕분에 갑자기 머리가 좋아졌기 때문이라는 것이다.[17]

그러나 정확히 무엇에 돌연변이가 일어났는지 클라인은 말해주지 못한다. 1989년 클라인은 돌연변이가 있었다는 건 추정일 뿐 증거가 부족해 증명하기는 어렵다고 인정했다. 이후 연구자들이 네안데르탈인의 뼈에서 온전한 유전물질을 채취하여 게놈을 해독하고 이를 현대 호모사피엔스의 게놈과 비교한 결과, 호모사피엔스의 특별한 창조성의 원인이 되는 유전자를 발견할 수는 없었다. 데이터를 분석한 결과, 언어 발달에 중요한 역할을 하여 지능과 관련 있는 것으로 여겨지는 FOXP2라는 유전자가 네안데르탈인에게도 똑같이 있는 것으로 밝혀졌다. 30만 년도 더 전에 살았던 호모사피엔스와 네안데르탈인의 마지막 공동 조상이 이미 이 유전자를 가지고 있었던 것이다.[18]

셋째, 호모사피엔스보다 먼저 유럽에 살던 초기 인류는 지능도 상상력도 부족하지 않았다. 우리가 보았듯이 그들은 뼈로 물건을 만들고, 예리한 칼, 접착제, 배를 고안했다. 문화가 서서히 전개된 것은 결코 창의성이 부족해서가 아니었다. 문제는 새로운 것이 생겨나도 거의 자리를 잡지 못하고 잊힌다는 것이었다. 이 주민인 호모사피엔스의 위대한 업적은 좋은 아이디어가 공동체에 지속적으로 뿌리내릴 수 있게 했다는 점이다(4장에서 어떻게 그럴 수 있었는지 성공의 비결을 소개하려고 한다).

4만 년 전에 무슨 일이 있었을까

기존의 역사학은 이런 사실을 통해 막다른 골목에 이른다. 지금까지 역사학은 약 4만 년 전에 일어난 문화의 급속한 발달이 인간 지능의 비약적 도약에서 비롯되었다고 설명했다. 그러나 지능이 비약적으로 도약했다는 증거는 존재하지 않는다.

인간의 지능이 갑작스레 도약했다는 시각으로 과거를 보면 인류의 정신적 발달은 영웅 서사가 된다. 이에 따르면 걸출한 아이디어는 다른 사람이 보지 못하는 것을 보는 똑똑한 머리에서 탄생한다. 우리는 이런 이야기에 익숙하다. 우리가 학교에서 배우는 내용은 그 생각을 맨 처음 해냈다는 비범한 사람의 이름과 함께 역사에 남은 것들이다.

기하학 하면 우리는 가장 먼저 탈레스와 피타고라스를 떠올린다. 소크라테스, 석가모니, 예수는 사람들에게 도덕을 가르쳤고, 아이작 뉴턴은 중력을 발견했다고 배웠다. 칼 프리드리히 가우스는 수학의 왕자이고, 토머스 에디슨은 우리에게 전구를, 마리 퀴리는 방사능에 대한 지식을 선사했다고 배웠다. 그래서 훗날 만들어진 아이폰을 스티브 잡스 한 사람의 업적으로 여기는 것도 자연스러운 일이다. 우리는 시대마다 진보를 이끈 몇몇 천재를 존경한다. 그래서 먼 과거의 일도 이와 같이 보는 것을 당연하게 생각한다. 그리하여 석기시대의 사고 혁명도 선택된 자의 위대한 업적으로 여긴다. 뛰어난 재능 덕분에 이 시대의 모든 업적이 가능했던 것으로 본다. 호모사피엔스를 선사시대의 아인슈타인으로 보는 것이다. 역사서에도 호모사피엔스가 무리가 아니라 한 사람인 것처럼 서술된다.

아이디어로 세상을 변화시킨 사람들은 특별한 두뇌를 가졌던 것일까? 4만 년 전 우리 조상의 뇌를 들여다볼 수는 없다. 하지만 우리 시대에 창조적인 생각을 해낸 사람들에게 해부학적으로 눈에 띄는 점이 있었는지는 점검해볼 수 있다. 한 해부학자는 알베르트 아인슈타인이 새로운 세계상을 일구어낸 원인이 남다른 두뇌에 있었는지 알아보기 위해 1955년 4월 18일 아인슈타인이 사망하고 일곱 시간 만에 그의 두개골을 열었다. 두개골에서 아인슈타인의 뇌를 끄집어내고 사진을 찍은 다음 계속적인 연구를 위해 뇌를 240개의 조각으로 잘라 합성수지 속에 담가두었다. 이렇게 탄생한 아인슈타인의 뇌 표본을 토대로 몇몇 연구가 이루어졌다. 연구자들은 뉴런을 세고, 대뇌 반구를 연결하는 신경 섬유를 연구하고, 대뇌 피질의 고랑을 사진으로 기록했다. 하지만 어떤 연구도 아인슈타인의 뇌가 그의 비범한 생산성에 기여했다고 볼 만한 결과를 도출하지 못했다.[19]

천재의 뇌를 연구 대상으로 삼은 것은 아인슈타인의 뇌가 처음은 아니었다. 1855년 수학자 카를 프리드리히 가우스가 사망한 뒤에도 괴팅겐대학교의 야심찬 해부학자가 이 유명한 동료 교수의 뇌를 꺼내 보존했다. 2013년 괴팅겐 소재 막스 플랑크 생물물리화학 연구소의 한 학자가 현대적인 방법으로 이 표본을 연구했지만 "해부학적으로 눈에 띄는 소견"은 확인할 수 없었다.[20] 레닌의 뇌도 현미경 아래에 놓인 적이 있다. 소련의 연구자들이 자세한 연구 결과는 비밀에 부쳤지만 말이다.

이 세 사람의 업적에 대해서는 아무도 의문을 제기하지 않는다. 알베르트 아인슈타인만큼 물리학에 기여한 학자가 어디 흔한가. 수학 분야의 칼 프리드리히 가우스도 마찬가지다. 뇌 연구 결과가 어떻게 나왔든 레닌 또한 빛나는 혁명가였다. 그러나 인류의 발전을 특별히 똑똑한 사람들의 착상에서 비롯된 것으로만 국한하려는 역사 서술은 이를 입증할 수 있어야 한다. 문화를 선도한 사람들의 특징이 무엇이고, 그들이 어떻게 세상을 송두리째 바꾼 인식에 이르렀는지를 설명해야 한다.

이런 질문에 대해 보통은 두 가지 대답이 제시된다. 더 오래된 답변에 따르면 인간은 주체적으로 창조적 사고를 할 능력이 없으며, 창조성은 초자연적인 영감에서 비롯된다. 고대 철학의 아버지 플라톤은 "인간의 기술이 아니라 신의 힘이 창조를 가능하게 한다"고 썼다. 그는 자신이 특히 존경하는 시인들을 예로 들면서 "거기서 말하는 분은 하느님 자신이다. 시인들을 통해 하느님이 우리에게 말씀하신다"라고 했다.[21]

18세기에 나온 두 번째 답변은 그리 신비적이지는 않다. '질풍노도Sturm und Drang(18세기 후반 독일에서 일어난 문학 운동. 감성의 해방, 개성의 존중 및 천재주의를 내세웠다 – 옮긴이)' 시대에 시인과 사상가들은 창조성을 설명하기 위해 '오리지널 천재original genius'라는 개념을 도입하고, 아이디어로 세상을 근본적으로 바꾸는 이상적인 인간을 오리지널 천재라 불렀다. 오리지널 천재는 모범도 문화도 필요로 하지 않는다. 그는 오로지 자신과 자연으로부터 아이디어를 길어낸다. 극소수에게만 부여된 특별한 직관적 재능 덕분이다. 이런 재능의 본질이 무엇이고, 어떤 사람에게 어떤 이유로 주어지는지는 확실하지 않다. 뇌에서 눈에 띄는 구조를 찾으려는 연구는 그런 질문에 답하기 위한 현대적 시도다.

오리지널 천재라는 말은 이제 잊힌 개념이 되었다. 하지만 그 말이 의미하는 생각, 즉 개인의 머리에서 아이디어가 탄생한다는 생각은 보편화되었다. 창조성은 특별한 재능을 전제로 한다는 믿음이 오늘날까지 우리의 역사관과 자아상에 깊이 녹아들어 있다. 이런 신화 때문에 많은 사람이 자신에겐 창의력이 없다고 생각하고, 우리 조상의 뇌에서 일어난 갑작스러운 변화가 석기시대의 문화 혁명을 촉발했다고 믿는다. 그리고 곧 인공지능이 우리를 능가할 것이라는 두려움에 떤다. 이런 생각 중 어느 것도 사실이 아니다. 우리는 역사를 더 잘 설명할 수 있어야 하고, 현실적인 자아상을 가져야 한다.

3장

집단적
뇌

미국의 인류학자 조지프 헨릭 Joseph Henrich 은 자신이 수집한, 문명과 떨어진 곳에서 살아남기 위해 고군분투해야 했던 사람들의 이야기를 '백인 탐험가의 기록'이라고 일컫는다. 대부분은 배를 타고 가다가 난파당해 낯선 환경에서 구조될 희망도 없이 견뎌야 했던 유럽인들의 이야기다. 어떤 사람들은 혼자 이런 절망적인 상황에 처했고, 어떤 사람들은 다른 사람들과 함께였다. 그러나 도움의 손길은 멀리 있었고, 생존은 오로지 운과 좋은 아이디어에 달려 있었다.[1] 생존을 위한 그들의 노력은 외부의 도움이나 조언 없이 미지의 상황을 극복해야 할 때 이성이 어떤 일을 할 수 있는지를 보여준다. 헨릭의 글은 인간이 어떤 정신적 능력을 타고났는지, 문화 안에서만 발휘되는 정신적 능력은 어떤 것인지를 보여준다. 그럼으로써 창조적 재능에 대해 말해주고, 5만 년 전에

사고 혁명을 일으켜 우리 문명의 토대를 마련한 요인이 무엇인지
도 알 수 있게 해준다.

대니얼 디포Daniel Defoe의 유명한 모험 소설《로빈슨 크루소》
역시 허구이긴 하지만 이런 종류의 이야기다. 난파당해 무인도에
표류한 로빈슨 크루소는 홀로 살아남기 위해 애를 쓴다. 홀로 벼
와 보리를 재배하고, 사냥을 하고, 야생 염소의 가죽으로 옷을 만
들어 입는다. 심지어 질그릇 굽는 법까지 익힌다. 로빈슨 크루소
는 몇 년 뒤에 프라이데이라는 이름의 원주민이 자신을 도와줄
때까지 혼자서 자신만의 문화를 만들어갔고, 마침내 구조된다.

프랭클린 원정대의 비극

인류학자 헨릭이 '백인 탐험가의 기록'에 모아놓은 실화는
《로빈슨 크루소》처럼 장밋빛 이야기는 아니다. 여기에는 영국의
제독 존 프랭클린John Franklin 경과 그의 탐험대의 모험 이야기도
나온다. 존 프랭클린 경이 그냥 무모한 모험을 떠났던 것은 아니
다. 프랭클린은 1845년 두 척의 최첨단 증기선과 엄선한 133명의
선원과 더불어 뉴펀들랜드와 태평양 사이의 북서 항로를 찾아 나
섰다. 배에는 3년 치의 보급품, 괴혈병 예방을 위한 4200리터의
레몬주스, 당대 최고의 항법 장치에, 선원들의 기분 전환을 위한

손풍금까지 실려 있었다. 프랭클린은 호락호락한 신참내기 지휘관이 아니었다. 그는 이미 몇 년간에 걸쳐 두 번의 탐험 여행을 성공적으로 끝마치고 북극 전문가로 명성을 날리고 있었다. 북서항로를 찾는 것은 한 계절에 끝낼 수 있는 만만한 일이 아니었기에, 프랭클린은 두 함선인 이리버스호와 테러호를 이끌고 유빙들 사이에서 겨울을 보낼 계획이었다. 영국에서 이런 도전을 할 만한 사람이 있다면, 바로 프랭클린과 그의 선원들이었다.

선원들은 첫 겨울을 예정대로 유빙들 사이에서 보냈다. 하지만 이듬해 여름 이리버스호와 테러호는 열린 바다에 이르지 못하고, 캐나다 북부 해안의 킹 윌리엄 섬에 겨우 다다랐다. 그리고 그해 가을 다시 얼음에 갇히고 말았다. 그다음 해 봄은 날씨가 상당히 추웠다. 그리하여 1848년 4월, 유빙은 좀처럼 물러갈 기미가 없고 식량은 서서히 바닥을 드러내자, 존 프랭클린은 선원들에게 배를 버리고 여름 동안 도보로 남쪽으로 이동하라고 명령했다. 프랭클린은 북극에서 스스로 생존을 도모해볼 수 있다고 여겼다. 선원들은 서로 손발이 잘 맞았고 원기 왕성했다. 극지방에서 입는 따뜻한 옷이 있었고, 총과 다른 연장도 충분히 구비하고 있었다.

이후 무슨 일이 벌어졌는지는 확실하지 않다. 1848년 봄 프랭클린에게서 아무런 소식이 없자, 영국 해군 본부는 구조 작전에 돌입했다. 두 팀은 바다로 투입되었고, 한 팀은 육로로 찾아 나섰다. 이후 몇 년간 영국은 실종자들을 유빙에서 구출하기 위해 14척의 배를 더 보냈다. 이렇게 구조에 나선 탐험대 중 여러 팀이 조난당하기도 했다.

1854년에야 스코틀랜드 출신의 극지 탐험가가 원주민 이누이트의 집에서 우연히 프랭클린 원정대가 사용하던 은 포크와 나이프를 비롯해 기타 장비를 발견했다. 이누이트들의 설명에 따르면 굶주린 백인들이 얼음 위를 도보로 이동하다가 한 사람씩 차례로 죽어갔으며, 자신들은 후에 그들의 시신에서 장비들을 발견했다고 했다. 마지막 원정대가 마침내 프랭클린 휘하 선원들의 유골을 발견하면서 이누이트들의 말은 사실로 확인되었다.

배를 떠난 선원들은 북극에서 살아남을 수 없었던 것이다. 프랭클린이 배를 포기했던 킹 윌리엄 섬은 바다표범과 물개 같은 기각류가 많기로 유명하며, 순록도 서식한다. 이누이트들은 이 섬의 중심지를 '많은 비계'라는 뜻의 우크수크투우크Uqsuqtuuq 라고 부른다. 하지만 프랭클린의 대원들은 어떻게 이글루를 만들고, 순록을 유인하며, 물개를 사냥하는지를 알지 못했다. 극지 탐험 경험이 있는 대원 100명의 집단 지성도 생존을 위해 필요한 아이디어를 내기에는 충분하지 않았다. 유럽인들에겐 킹 윌리엄 섬에 사는 이누이트들이 수천 년에 걸쳐 습득한 지식이 없었다.

이누이트들의 가장 중요한 식량인 기각류를 사냥하려면, 제일 먼저 얼음에서 숨구멍을 찾아야 한다. 그러나 모든 숨구멍에서 사냥이 가능한 것은 아니고, 숨구멍의 냄새로 기각류가 현재 활용하고 있는 숨구멍인지를 알아내야 한다. 숨구멍 주변에 눈도 많이 덮여 있어야 한다. 눈이 덮여 있지 않으면, 기각류가 사냥꾼이 다가오는 소리를 듣고 도망쳐버리기 때문이다. 적절한 숨구멍을 찾아내면, 숨구멍 안에 구부러진 순록 뿔끝으로 만든 찌를 넣어야 한다. 그런 다음 여러 시간을 기다린 뒤에 찌가 움직여서 기각류의 등장을 알리면, 온 힘을 다해 작살을 구멍에 박아 넣어야 한다. 작살에는 북극곰의 딱딱한 뼈로 만든 촉을 달아놓아야 한다. 그런 다음 긴 싸움을 통해 물개를 제압하여 표면으로 끌어올려야 한다.

여기서 끝이 아니다. 기각류의 고기는 반드시 익혀 먹어야 하는데, 섬에는 땔감이 없다. 그래서 이누이트들은 이전에 사냥한 기각류의 지방을 쿨리크qulliq라고 불리는 특별한 화덕에서 연소시킨다. 화덕은 동석(활석)으로, 심지는 이끼로 만든다.

극지 원정대가 생존에 필요한 이런 특별한 기술을 고안하는 것은 불가능했다. 그들은 북극에서 제대로 이동조차 할 수 없었다. 배를 포기하고 구명정에 보급품과 장비들을 실은 뒤, 얼음 위에서 끌고 다니느라 엄청나게 진이 빠졌다. 반면 이누이트들은 바닷물에 떠다니는 나무줄기 몇 개로 썰매를 만들어 개들에게 끌게 한다. 하지만 이런 썰매를 만들고 활용하는 데에도 기각류 사냥 못지않은 전문 지식이 필요하다.

아무리 천재라 해도 한 사람의 뇌로 이런 과제를 해결하는 것은 불가능하다. 소수로 구성된 무리도 생존에 필요한 모든 것을 생각해낼 수는 없다. 대륙, 기후대, 지역을 막론하고 모든 조난자의 사정이 그렇다. 헨릭의 '백인 탐험가의 기록'이 이를 증명한다. 난파자들 중 원주민들과 연결되어 그들에게서 생존법을 배웠던 사람들만 살아남을 수 있었다. 그저 목숨만 부지하는 데도 문화에 축적된 아이디어와 지식의 도움을 받아야 한다. 인류학자 헨릭은 인간은 '집단적 뇌' 덕분에 생존 가능하다고 말한다.

창조적 사고가 시작되는 곳

창조적 사고는 집단적 뇌에서 나온다. 누군가 북극에서 살아남는 등 어떤 문제를 해결해야 한다고 하자. 그가 오리지널 천재라는 이상형에 따라 모든 아이디어를 스스로 낼 수 있다고 믿는다면 실패는 불 보듯 뻔하다. 문화 속에 녹아든 타인의 경험을 알고 그 토대 위에서 생각하는 사람만이 문제를 해결할 가능성이 있다. 집단적 뇌에 축적된 지식은 아이디어를 빚는 재료다.

석기 제작은 창조적 사고와 행동이 문화적 환경에 토대를 두고 있음을 증명한다. 돌을 깨서 날카로운 날을 만들려면 인간도 보노보도 집단적 뇌를 필요로 한다. 선행지식이 없으면 그런 날을 만들 수 없다. 스승에게서 선행지식을 전수받아야 한다. 그런 지식의 토대 위에서만 새롭고 개선된 방법을 개발할 수 있다.

대부분의 아이디어는 알려진 것들의 조합에서 탄생한다. 북극 주민들은 개썰매를 떠올리기 전에, 썰매의 원리를 이해하고, 목재를 가공하며, 짐승 가죽으로 가죽끈을 만들고, 극지방의 늑대를 개로 길들여야 했다. 이런 토대 위에서 그들은 새로운 운송 수단을 고안할 수 있었다. 개썰매는 완전히 새로운 개념을 요구하지 않았다. 창조적 업적은 기존의 것을 의미 있게 조합하는 데에서 나왔다.

문화는 스스로 확장해갈 수 있는 블록 쌓기와 닮았다. 사람들은 개념을 연결해 새로운 개념을 만들어낸다. 문화가 발전할수록, 지식·경험·상상이 집단적 뇌에 많이 축적될수록 새로운 아이디어가 나올 여지가 커진다.

창조적 사고는 조합의 기술에 지나지 않는다고 보는 이론도 있다.[2] 스티브 잡스는 "창조성은 다름 아닌 사물을 연결하는 것"이라고 했다. 사람들은 잡스를 오리지널 천재로 여겼지만, 그는 자신이 정말로 그런 천재인지 의심스러워했던 것이 틀림없다.[3] 물론 이런 이론에 잡스만큼 전적으로 동의할 수는 없다. 나중에 살펴보겠지만, 모든 아이디어가 이미 알려진 것의 단순한 조합이라고는 결코 말할 수 없기 때문이다. 조합이 창조성의 유일한 형태는 아니다. 그러나 그것은 창조성의 가장 단순한 형태이며, 따라서 창조성의 왕도라고도 할 수 있다.

잡스가 고안한 아이폰만큼, 정교한 조합이 갖는 엄청난 힘을 분명히 보여주는 사례가 있을까? 2011년 세상을 떠나기 직전, 한 인터뷰에서 스티브 잡스는 21세기로 접어든 직후 컴퓨터와 당시 유행하던 전자수첩을 결합해 터치스크린 위에 철필로 메모할 수 있게 하면 어떨까 하는 생각이 떠올랐다고 말했다.[4] 이런 개인 휴대 정보 단말기personal digital assistant를 제대로 된 컴퓨터와 결합시키고 모니터가 손가락 터치에 반응하게 하면 어떨까? 그렇게 손가락으로 터치할 수 있는 컴퓨터는 더 이상 기계가 아닌, 살아 있는 존재처럼 느껴질 것이다.

스티브 잡스는 이 비밀 프로젝트에 무려 1000명가량의 직원을 투입했다. 하지만 엔지니어들이 최초의 프로토타입을 내놓은 순간 스티브 잡스는 그 제품에 한 가지 기능을 더 결합시키자는 생각을 떠올렸다. 즉 전화로도 쓸 수 있게 하자는 아이디어였다. 그리하여 잡스는 태블릿 컴퓨터의 개발을 보류했고, 휴대전화의 성공은 그가 옳았음을 입증해주었다. 2007년 6월 아이폰이 최초로 출시되던 날, 미국 대도시민들은 아이폰을 맨 먼저 손에 넣기 위해 전날 밤부터 거리에 나와 줄을 섰다. 10년 뒤 애플사의 아이폰 판매량은 10억 대를 넘겼다.

거의 모든 주요 발명품이 이와 비슷한 과정을 거쳐 탄생했다. 신화만이 인쇄기, 증기기관, 자동차, 전구 등이 어느 한 천재의 착상에서 비롯되었다고 본다. 그러나 사실 그것들은 모두 기존의 발명품들에서 단계적으로 나온 것들이다. 현대 기술의 획기적인 발명품들은 수천 년 전 이누이트들이 최초로 개썰매를 상용화한 것과 동일한 원리로 개발되었다.

예술과 학문에서도 능숙한 짜깁기를 통해 새로운 것이 탄생하는 경우가 많다. 셰익스피어 희곡의 주인공 햄릿 왕자는 그의 유명한 독백에서 전혀 상관없어 보이는 장면, 즉 전쟁터의 인상으로 자신의 회의감을 표현한다.

사느냐 죽느냐, 그것이 문제로다.
성난 운명의 돌팔매와 화살을 마음으로 견디어야 할까,
아니면 밀물처럼 밀려드는 고난에 맞서 무장하고 싸워
고난을 종식시켜야 할까. 어느 쪽이 더 고귀한 일일까?

셰익스피어의 18번째 소네트는 사랑하는 이의 덧없음을 자연의 이미지로 묘사하며, 언어의 백미를 선보인다.[5]

그대를 한여름 날에 비길까?
그대는 더 화창하고 사랑스러워라.
거친 바람이 5월의 연약한 꽃봉오리를 흔들고,
여름의 시간은 짧기만 하여라.

때로 하늘의 눈은 너무 뜨겁게 타오르고,

그의 금빛 얼굴은 한동안 흐려지네.

어떤 아름다운 것도 언젠가는 그 아름다움을 내어주고,

우연이나 자연의 변화에 굴복하도다.

그러나 그대의 찬란한 여름은 영영 퇴색하지 않고

그대의 아름다움은 해어지지 않은 의복 같으니

죽음도 그 그림자를 그대에게 드리웠다고 뽐내지 못하리라.

시 속에서 그대 스러짐을 결박하리니

인간이 숨을 쉬고, 눈으로 볼 수 있는 한,

이 시가 있는 한, 그대는 건재하리라.

이런 시는 지적 아비트리지arbitrage의 승리다. 증권 시장에서 아비트리지는 가격 차이를 이용하여 이윤을 얻는 것을 의미한다. 한 거래자가 프랑크푸르트 증권거래소에서 주식을 저렴하게 매수한 뒤 이 주식이 더 높은 가격에 거래되는 상하이에서 곧장 되파는 식이다. 은유의 대가인 셰익스피어 역시 이와 비슷한 기술을 구사한다. 셰익스피어는 완전히 다른 영역의 용어와 이미지를 새로운 맥락에 활용한다. 감정에 대해 직접 이야기하기보다는 전투와 짧은 여름에 빗대 이야기하는 식이다. 그렇게 함으로써 독자의 감탄을 자아낸다.

과학의 가장 중요한 인식 몇 가지는 이런 지적 아비트리지에서 비롯되었다. 아이작 뉴턴이 사과나무 아래에서 졸다가 머리 위에서 사과가 하나 떨어지는 바람에 중력의 법칙을 발견했다는 유명한 일화가 있다. 이는 사실일 수도 있고 아닐 수도 있다. 어쨌든 뉴턴은 자신의 전기 작가에게 어느 여름날 저녁 나무에서 떨어지는 사과를 보고 결정적인 생각을 떠올리게 되었다고 말했다.[6] 뉴턴의 업적은 기존에 알려진 연관성(사과가 땅에 떨어지는 것)을 전혀 다른 분야(행성들이 태양 주위를 도는 것)에 적용한 것이었다. 그는 이런 결합을 통해 보편적 중력 법칙을 발견했다.

그밖에도 지적 아비트리지는 한 분야의 지식을 다른 분야에 활용할 수 있게 해준다. 미국의 경제학자 피셔 블랙Fischer Black과 마이런 S. 숄즈Myron S. Scholes는 1973년 옵션 가격을 유도하는 방정식을 만듦으로써 주식 시장에 새 시대를 열었다. 원래 옵션 가격 계산에 필요한 수학은 상당히 복잡했다. 하지만 블랙과 숄즈는 주식 시장에서 옵션 가격이 열을 발산하는 난로와 같은 법칙을 따른다는 사실에 착안해 놀라운 해결책을 발견했다. 바로 물리학의 열전도 공식을 차용하는 것이었다. 이후 블랙과 숄즈가 발견한 방정식은 증권거래소에 엄청난 이익을 안겨주었다. 2018년에는 전 세계에서 명목가치로 500조 유로가 넘는 옵션이 거래되었다.[7]

인구 수가 문화 발전에 미치는 영향

조합을 통한 창조적 사고는 아이디어가 어떻게 나오는지 설명해줄 뿐만 아니라 문화 발전을 이해하는 열쇠이기도 하다. 세월이 흐르면서 지식과 경험, 개념과 신화, 기술과 예술의 보고가 점점 더 풍부하게 축적되면 문화는 변한다. 레오나르도 다빈치, 요한 제바스티안 바흐, 마리 퀴리, 알베르트 아인슈타인과 같은 개개인의 업적이 아무리 뛰어나다 해도 문화의 발전 과정은 개개인의 걸출한 기여 때문이라고 볼 수 없다. 그보다는 집단적 뇌가 문화 발전의 원동력이다. 전 공동체의 협력이 아이디어가 싹트는 정신적 바탕을 만들어낸다. 세상을 바꾸는 생각을 가장 먼저 명확하게 표현하는 사람은 역사에 빛나는 이름을 남긴다. 그러나 보통 이런 단계는 다른 사람들이 미리 닦아놓은 길의 마지막 지점일 뿐이다. 똑똑한 사람들은 다른 사람들보다 집단적 뇌에 더 의존한다.

공동체는 얼마나 많은 아이디어를 배출하고 이를 집단적 뇌에 뿌리내리게 하는가에서 서로 차이를 보인다. 아프리카, 아시아, 호주, 남미의 외딴 지역에 오늘날에도 존재하는 수렵 채집 문화권에서는 농업이나 공업이 발달한 사회보다 훨씬 더 적은 수의 물건을 사용한다. 그러다 보니 새로운 아이디어의 재료가 될 만한 소재도 적다.

문화는 물질적 발명품 외에 생각의 도구로 작용하는 사고 개념도 마련해준다. 좌우를 구별하는 것, 수를 세는 것, 색상을 구분하는 것은 너무 당연해 보여서 우리는 마치 이런 능력을 타고나기라도 한 것처럼 생각한다. 하지만 사실은 그렇지 않다. 이 모든 개념은 학습한 것이다. 그리고 이런 개념이 존재하는 것은 우리 사회의 집단적 뇌 덕분이다.

수렵 채집 문화권에는 3보다 큰 수를 뜻하는 단어가 없는 사회도 많다. 그래서 이런 문화에 속한 사람들은 28과 29를 구별하지 못한다.[8] 마치 우리가 모국어에서 하나의 단어로 싸잡아 칭하는 색상의 차이를 구분하기가 그리 쉽지 않은 것처럼 말이다. 독일어에서 파란색을 칭하는 단어는 '블라우blau(영어의 blue)' 하나다. 반면 러시아어에는 파란색을 칭하는 단어가 여러 개다. '골루보이goluboi'는 부드러운 하늘색, '시니이sinii'는 바다색과 비슷한 짙은 파란색을 나타낸다. 실험 결과 러시아어가 모국어인 사람은 영어가 모국어인 사람보다 섬세한 음영도 쉽게 분간하는 것으로 나타났다.[9] 반면 웨일스어와 티베트어에서는 파란색과 초록색을 묶어 '블린bleen(blue+green)' 정도에 해당하는 한 단어로 표현한다.[10]

또한 우리에게는 어떤 대상이 자신의 오른편 혹은 왼편에 놓여 있는 것이 당연하게 여겨지지만, 호주의 여러 문화권에는 좌우 개념이 없다. 그리하여 그런 문화권에 속한 원주민이 어떤 장소를 표시하려면, 방위를 알아야 한다. 남쪽을 바라보고 있을 때는 그들의 심장이 동쪽 가슴에서 뛰고, 반대로 돌아서면 서쪽 가슴에서 뛴다.[11]

문화권마다 사용하는 개념의 수가 다른 것은 왜일까? 오세아니아의 섬나라들은 이런 수수께끼를 연구하기에 안성맞춤인 조건을 지니고 있다. 우선 수많은 섬의 삶의 조건이 아주 비슷하여 거의 모든 주민이 전통적으로 어업에 종사한다. 다음으로 대부분의 섬이 서로 멀리 떨어져 있어서 거의 영향을 주고받지 않는다. 그리하여 서로 다른 문화들이 탄생했다. 어떤 섬에서는 원시부족이 나무 창 몇 개로 먹잇감을 사냥하고, 어떤 섬에서는 레버와 윈치로 조작하는 복합적인 어살과 그물 등 많은 도구를 고안했다. 이 차이는 약 5만 년 전에 일어난 2차 사고 혁명 전후의 상황을 연상시킨다.

미국 인류학자 미셸 클라인Michelle Kline과 로버트 보이드Robert Boyd는, 똑같은 물고기를 잡아먹고 사는데 왜 이 지역에서는 원시적인 장비를 사용하고 저 지역에서는 정교한 장비를 갖추고 있는지 그 이유를 연구하고는 집단적 뇌의 능력이 가장 중요한 역할을 한다는 사실을 발견했다. 인구가 많고 주민 간에, 그리고 문화 간에 활발한 교류가 일어나는 섬일수록, 주민들이 활용하는 기술은 훨씬 더 정교했다.[12] 인구가 적고 외딴 섬인 뉴헤브리데스 제도 말라쿨라섬에서는 어업에 사용하는 도구가 13가지밖에 되지 않았다. 반면 폴리네시아 하와이 제도의 가장 큰 섬에서는 어업에 사용하는 도구의 종류가 말라쿨라섬의 다섯 배 이상이었다.

물질문화뿐 아니라 언어 역시 많은 사람이 사용할수록 표현이 더 풍부해진다. 인구가 많은 섬에서는 새로운 단어들이 더 빨리, 더 널리 확산되었던 반면, 언어를 사용하는 사람이 적은 섬에서는 기존 단어마저 잊혀서 어휘 수가 더 줄어들기까지 했다.[13] 폴리네시아어의 어휘와 유럽어의 어휘를 비교하면 이런 연관성이 확실해진다. 가령 하와이어나 타히티어보다 더 많은 사람이 사용하는 독일어는 어휘 수가 이들 언어보다 최소 열 배는 더 많다.

연구 결과 목축이나 농사를 주업으로 하는 다른 대륙의 전통 사회들 역시 남태평양의 어부들과 비슷한 것으로 나타났다.[14] 여기에서도 구성원이 많고 다른 문화와 교류가 활발한 공동체일수록 더 질 좋은 도구를 더 많이 만들어 쓰고 있었다.

나아가 현대 사회에서도 인간이 밀집해 사는 대도시가 사회 구성원의 창조성을 높이는 것으로 나타났다. 유럽, 미국, 중국에서 확인한 결과, 도시가 클수록 특허출원 개수가 늘어났다. 베를린, 보스턴, 혹은 베이징에 연구기관과 대기업이 밀집해 있다는 사실도 이런 차이를 부분적으로밖에 설명해주지 못한다. 대학이나 기술회사가 없는 지방의 작은 도시들 사이에서도 인구에 따라 차이가 확인되었기 때문이다. 많은 데이터를 종합적으로 평가한 결과 도시의 인구가 두 배가 되면, 1인당 특허출원 건수는 약

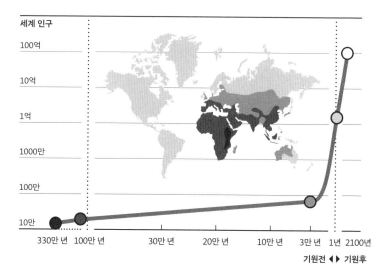

세계 인구

100억	
10억	
1억	
1000만	
100만	
10만	

330만 년 100만 년　30만 년　20만 년　10만 년　3만 년 1년 2100년

● **그림 3**　세계 인구의 기하급수적 증가. 지도의 회색 부분이 각 시점에 인간이 거주했던 땅을 보여준다. 기원전과 기원후로 나뉘는 시점부터 인류가 전 세계로 확산되었다.

15퍼센트 증가하는 것으로 집계되었다. 이 비율은 인구가 300만 명에서 600만 명으로 증가하든, 3만 명에서 6만 명으로 증가하든 상관이 없었다.[15]

　　여기에서도 조합을 통해 이루어지는 창조적 사고의 메커니즘이 드러난다. 폴리네시아의 대형 섬 주민들과 대규모 전통 사회 구성원들은 대도시에서 더 많은 발명이 나오는 것과 똑같은 이유에서 더 좋은 도구를 더 많이 가지고 있었다. 사람들이 만나 서로 교환하는 생각들이 연결되다 보면 새로운 것이 생겨난다. 오늘날 이메일, 인터넷, 화상회의가 생각의 교환을 용이하게 해줄 수는 있지만, 그것들이 대면 만남을 완전히 대체할 수는 없다. 늘 대도시에 본부를 두는 대규모 기술 기업은 이를 너무나 잘 알고 있다.

생각을 교환할 때마다 아이디어를 만들어낼 수 있는 지적인 소재가 늘어난다. 그림 3은 로메크위의 석기 제작자들이 최초의 도구를 만든 이래, 세계 인구가 몇만 명에서 거의 80억 명으로 늘어난 것을 보여준다. 인구수는 그림 1과 그림 2에서 살펴보았던 아이디어의 수와 사용 가능한 정보량처럼 기하급수적 성장의 법칙을 따른다. 바로 이런 연관성이 장기간 정체되어 있던 사고가 갑자기 폭발적으로 늘어난 현상을 설명해준다. 사람이 많을수록 집단적 뇌가 더 커지고, 아이디어도 더 많이 등장했다. 사람들이 더 밀집해 더 많이 교류하며 살아갈수록 집단적 뇌는 똑똑해졌다. 그리고 새로운 아이디어가 생존을 도와 인구가 늘어날수록 집단적 뇌가 더 커졌다. 그러므로 약 4만 년 전에 커진 것은 호모 사피엔스 개개인의 뇌가 아니라 집단적 뇌였다. 이런 발전은 가장 과소평가되는 인류의 고안물인 예술을 통해 가능했다. 다음 장에서 그 이야기를 할 것이다.

2부
상징, 새로운 생각의 탄생

4장

기호의
힘

우리의 기본적인 사고방식은 굉장히 먼 조상이 발견한 것이며, 이
것이 이후 모든 시대의 경험을 거쳐 보존되었다.

– 윌리엄 제임스[1]

카스티요산은 완벽한 원뿔 모양이다. 자연이 어떻게 이런 모양
의 산을 만들었는지 믿기지 않을 정도다. 스페인 북부 해안과 높
은 산맥을 잇는 강 계곡 너머로 카스티요산이 우뚝 솟아 있었다.
카스티요산에는 40개 이상의 동굴이 숨어 있다. 2017년 12월, 라
이프치히의 물리학자 디르크 호프만Dirk Hoffmann이 이 산에 함께
가자고 나를 초대해주었다. 호프만은 연대 측정 전문가다. 호프
만은 초기 인류사에 대한 기존 생각을 완전히 뒤집어엎는 발견을

보여주겠다면서, 카스티요산은 마지막 빙하기에 인근에서 수렵과 채집을 하던 사람들에게 길잡이이자 근거지가 되었다는 설명을 덧붙였다. 그러나 그 이상의 이야기는 하지 않았다.

그렇게 우리는 산의 내부로 들어가는, 어깨 너비가 될까 말까 한 틈으로 간신히 몸을 들이밀었다. 우선 탄탄한 근육질 몸매의 디르크 호프만이 바위 사이로 쏙 들어갔고, 체격이 꽤 건장한 영국의 고고학자 앨리스테어 파이크Alistair Pike가 뒤를 따랐다. 파이크는 '선사시대에서 온 시간 여행자'라는 별명으로 불린다. 세 번째로 내가 그 틈으로 몸을 들이밀었고, 내 뒤로 스페인 중앙정부에서 붙여준 감시인이 따랐다. 아무리 학자라도 평소 폐쇄되어 있는 이 동굴에 맘대로 드나들 수는 없고 감시하에서만 입장이 허용되기 때문이다.

틈으로 들어가 나선형으로 몇 번 구부러진 통로를 따라가자 햇빛 한 점 들지 않는 칠흑 같은 어둠이 펼쳐졌다. 일행이 별 어려움 없이 열 지어 지나갈 수 있을 정도로 통로가 넓어지더니 갑자기 홀 같은 곳으로 이어졌다. 이마에 단 헤드램프로 밝힐 수 있을 정도의 그리 넓지 않은 공간으로, 작은 교회 본당 정도의 크기였다. 이곳이 바로 파시에가 동굴이었다. 한쪽 천장에는 종유석들이 촘촘하게 매달려 있었다. 구멍이 숭숭 뚫린 길쭉한 종유석들이 거의 커튼을 방불케 했다. 벽에 작게 팬 공간에는 뼈들이 놓여 있었다.

반대편 바위는 매끈했다. 그런데 그곳에서 들소가 우리를 쳐다보고 있는 것이 아닌가. 들소는 몇 개 되지 않는 우아한 곡선으로 그려졌고, 생식기로 수소임을 뚜렷이 알아볼 수 있었다. 들소의 등에는 창이 꽂혀 있었다. 우리 머리 위에서는 두 마리의 암사슴이 시선을 교환하고 있었다. 암사슴 사이에는 홈이 길게 패어 있어, 마치 두 사슴이 강을 사이에 두고 서로 반대편에 자리 잡고 있는 듯했다. 바위에는 약간 뒤엉킨 선들도 새겨져 있었다. 유심히 들여다보니 말과 오로크스를 그린 그림이었다.

가장 특이했던 것은 종유석 커튼 안에 거의 사람 키만 하게 뚫린 부분이었다. 구멍 내부는 붉은색으로 칠해져 있고, 털처럼 보이는 선들이 테두리를 두르고 있었다. 퍼뜩 여성의 생식기가 떠올랐다. 여기 그림을 그린 사람들은 땅을 여성적인 것으로 생각했던 것일까? 땅이 여기 그린 동물들을 낳는다고 상상했던 것일까?

일행은 그런 질문들에 신경 쓸 틈이 없다는 듯, 적철광석을 가공한 재료로 그린, 굉장히 빛바랜 그림 앞에서 강한 손전등 불빛으로 그림을 비췄다. 가장자리에는 뭔지 모를 형상이, 그 아래에는 동물의 머리가 그려져 있었다. 위쪽 3분의 1 지점에서는 뜀뛰기를 하는 사슴의 엉덩이 윤곽이 흐릿하게 분간되었다. 그리고 이 사슴이 덫에 갇히기라도 한 것처럼, 주변에 사각형이 그려져 있었다. 그림의 어떤 부분에는 마치 오톨도톨한 종기처럼, 약간

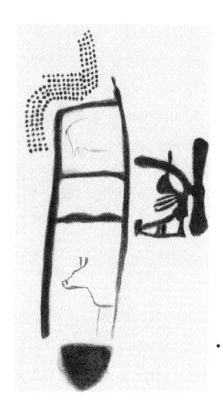

그림 4 파시에가 동굴의 그림. 최소한 진한 테두리는 네안데르 탈인이 살던 시대에 그려진 것이 분명하다.

도드라지게 올라온 흰 얼룩이 있었다.

호프만이 배낭에서 외과용 메스를 꺼내 들었다. 그러자 구석에서 얼쩡대던 감시인이 갑자기 경계심을 보이며 우리 곁으로 다가왔다. 호프만은 메스를 사각형 위의 오톨도톨하게 올라온 부분에 대더니 조심스럽게 긁기 시작했다. 왼손으로는 그곳에 작은 플라스틱병을 대어 긁어낸 가루를 받았다.

석회 가루였다. 호프만이 이전에 이 가루를 채취해서 분석해 본 결과, 석회는 6만 4800년 된 것으로 밝혀졌다고 한다. 그림으로 떨어진 물이 증발하고 나서 침전된 가루다. 따라서 이 그림은 그보다 더 오래되었다는 소리다. 6만 5000년, 7만 년, 아마 10만 년이 되었을 수도 있다. 아무도 정확히 알 수 없다.

호프만은 이 그림이 최소 6만 4000년 이상 되었다고 발표해 커다란 반향을 일으켰다. 최근까지 가장 오래된 벽화로 여겨졌던 쇼베 동굴벽화보다 거의 두 배나 오래되었기 때문이다.[2] 우리는 세계에서 가장 오래된 그림 앞에 서 있었다.

11만 년 전의 공예품

파시에가 동굴벽화가 탄생했을 때, 대부분의 유럽 지역은 빙하로 덮여 있었고, 빙하기는 새롭게 절정을 향해 치닫고 있었다. 스페인 북부는 오늘날의 시베리아처럼 숲과 초원 지대가 되어 있었고, 북유럽 전체와 알프스는 얼음 아래로 사라져버린 상태였다. 빙하가 침범하지 않은 지역에서 네안데르탈인은 들소와 매머드를 사냥했다. 그들은 혹한에 적응했고, 불 피우는 법을 터득했으며, 무두질한 동물 가죽으로 옷을 지어 입었다.[3] 유럽은 이미 장구한 세월 동안 네안데르탈인의 대륙이 되어 있었다. 네안데르탈인은 50만 년도 더 전에 아프리카에서 이주해 나온, 호모에렉투스 무리의 후손이다. 추운 유럽에 네안데르탈인 외에 다른 인류는 거주하지 않았다. 호모사피엔스가 대규모로 유럽 대륙에 이주해 온 것은 파시에가 동굴벽화가 그려지고 나서 1만 년은 더 흐른 뒤였다.

그러므로 인류사를 새로운 관점으로 보아야 한다는 디르크 호프만의 말은 결코 과장된 것이 아니다. 네안데르탈인은 예술가였다. 그들에겐 호모사피엔스만의 전유물로 여겨졌던 정신적 능력이 있었다. 네안데르탈인은 스페인 북부의 칸타브리아에서만 활동한 것이 아니었다. 호프만은 스페인 중부와 안달루시아에서 발견된 선과 손자국의 연대도 최소 6만 5000년은 된 것으로 추정했다. 이 두 발굴지가 서로 수백 킬로미터 떨어져 있는 것을 보면 네안데르탈인은 분명히 스페인 전역에서 그림을 그렸던 것으로 보인다.

포르투갈의 고고학자 주앙 질랑João Zilhão은 스페인 남부 지중해 연안에서 훨씬 더 오래된 유물을 발견했다. 그는 조개껍데기를 연구 대상으로 삼았다. 일부는 2008년 동굴에서 발굴한 것이고, 일부는 한 박물관에 보관되어 있던 것이다. 누군가가 막대 끝에 모래를 묻혀 끈기 있게 작업했던 듯, 이 조개껍데기들에는 섬세하게 구멍이 뚫려 있었다. 조개껍데기들을 실에 꿰어 장신구로 사용하기 위해서였을 것이다. 어떤 조개껍데기에는 색칠이 되어 있

었다. 호프만이 그 발굴물을 분석한 결과, 적어도 11만 5000년 전
에 색칠된 것이었다.

"이런 결과는 우리 모두에게 충격이었습니다." 질량이 내게
말했다. 스페인의 조개껍데기들은 최초로 알려진 장신구다. 네안
데르탈인은 그렇게 일찍부터 생존에 필요하지 않은 물건들을 만
들었던 것이다. 그들의 공예품은 동굴벽화보다 한참 앞선 시대에
제작되었다.

지금까지 알려진 호모사피엔스의 장신구 가운데 가장 오래
된 것은 주앙 질량의 발굴물보다 4만 년 뒤에 만들어진 것이다.
호모사피엔스의 장신구 역시 구멍을 뚫고 적철광으로 채색한 달
팽이집들이었다. 이 달팽이집들은 규칙적으로 줄을 새긴 황토
와 함께 2005년 아프리카 남부의 블롬보스 동굴에서 발견되었
다. 북반구의 네안데르탈인과 희망봉의 호모사피엔스가 같은 일
을 한 것은 우연이 아닐 것이다. 호모사피엔스가 네안데르탈인
의 공예품을 보고 모방하는 것은 아예 불가능했다. 두 발굴지는
아프리카 대륙을 사이에 두고 멀리 떨어져 있으며, 호모사피엔스
는 조개껍데기 장식이 만들어지고 몇만 년이 흐른 뒤에야 유럽
에 다다랐기 때문이다. 그러므로 전혀 다른 초기 인류가 서로 독
립적으로 예술가가 되었던 것이다. 그들은 실제적인 쓰임새가 없
는 물건들을 만들기 시작했고, 이런 관습은 널리 확산되었다. 오
늘날 파푸아뉴기니의 정글에서부터 그린란드의 영구빙설사막에

이르기까지 지구상에 예술품을 만들어내지 않는 사회는 단 한 곳도 없다.

하지만 네안데르탈인이 그렇게 일찌감치 모래를 묻힌 막대기로 조개껍데기에 구멍을 뚫기 시작한 것은 무슨 이유였을까? 어째서 그들은 사람들이 쉽게 접근하지 못하는 땅속 동굴에 그림을 그려놓았던 것일까? 초기 호모사피엔스는 어떻게 적철광을 가루로 만든 다음, 굳힌 (동물의) 젖과 섞어서 염료를 만들 생각을 하게 되었던 것일까?[4] 실용적인 쓰임새가 없는 물건을 위해 아이디어를 내고, 시간과 에너지를 들이는 것이 뭔가 이점을 제공해주었던 것이 틀림없다.

구멍을 뚫고 색칠한 조개들, 형태를 새겨 넣은 돌들, 바위에 그린 그림들이 어떤 의미를 지니고 있었는지 우리는 알지 못한다. 하지만 이런 것들에는 의미가 있었을 것이다. 이것들은 모두 상징이었다. 눈에 보이지 않는 것을 가리키는 눈에 보이는 기호였다.

이 최초의 상징들이 우리 조상에게 어떤 마법적인 영향을 끼쳤을지 우리는 상상하기 힘들다. 오늘날 우리 문화는 상징에 기반을 두고 있다. 상징은 우리에게 당연한 것이 되었다.[5] 우리는 한 걸음 뗄 때마다 이미지와 텍스트, 아이콘과 영상, 컴퓨터 프로그램과 공식, 도식과 도면을 접한다. 이런 상징들이 없다면 우리의 창조적 사고는 작동하지 못할 것이다. 우리는 주변의 상징을 더는 상징으로 알아차리지 못할 정도로 상징 효과를 깊이 내면화하고 있다.

르네 마그리트René Magritte의 유명한 그림에는 "이것은 파이프가 아니다Ceci n'est pas une pipe"라고 쓰여 있다. 처음 이 그림을 보면 거부감이 든다. 유성물감으로 세심하게 그린 파이프 그림 아래에 "이것은 파이프가 아니"라고 쓰여 있기 때문이다. 분명히 파이프인데 파이프가 아니라고? 벨기에의 초현실주의 화가 르네 마그리트는 이 작품에 '이미지의 배신'이라는 제목을 달았고, 언젠가 이 그림에 대해 설명해달라는 요청에 담담한 목소리로 대답했다. 사람들이 파이프에 담배를 채우려 할지도 모르기 때문에 그림에 "이것은 파이프다"라고 써놓는 것은 거짓말이 될 것이라고.

어떤 물건은 그 물건을 보여주는 그림과는 다르다. 그러나 우리는 상징에 너무 익숙해서 이런 단순한 사실을 거의 깨닫지 못한다. 그래서 마그리트의 파이프 그림에 "이것은 파이프가 아니다"라고 써놓은 것을 보면 혼란스럽다. 그림이 진짜 물건이 아니라는 사실을 의식적으로 떠올리지 않는 한, 이미지는 우리에게 대상 자체만큼이나 실제적으로 다가오기 때문이다. 종종 대상 자체보다 더 현실적으로 느껴진다. 그렇지 않다면, 영화를 보며 어떻게 울고 웃을 수 있겠는가? 추상적 상징이 불러일으키는 효과는 더욱 놀랍다. 축구 대회 대진표가 팬들을 절망으로 몰아넣는 것을 보라. 숫자와 인물, 풍경이 인쇄된 시시껄렁한 종잇조각을 길에서 주운 사람은 그 지폐로 구매할 수 있는 물건을 손에 넣은 것만큼이나 기뻐한다.

우리가 상징에 길드는 과정

우리의 이성은 상징에 길들여 있다. 글자는 자석처럼 주의를 끌어당긴다. 한번 읽기를 배운 사람은 그 언어로 된 단어를 보면, 즉시 해독을 하지 않고는 배기지 못한다. 추상적인 기호가 우리를 얼마나 사로잡는지 간단히 테스트해볼 수 있다. 휴대전화의 스톱워치를 켜고 95페이지의 그림을 보면서 시작 버튼을 눌러라. 그러고는 그림을 왼쪽 위에서 오른쪽 아래까지 훑으면서 각각 큰 소리로 동물의 이름을 말해보라. 얼마나 시간이 걸렸는가? 자, 이제 96페이지를 보면서 다시 똑같이 해보라. 어떤 페이지가 더 쉬웠는가? 어떤 페이지가 더 시간이 오래 걸렸는가? 이것은 미국의 심리학자 존 스트룹John Stroop이 1935년에 실시했던 실험을 변형한 것으로서, 지각이 추상적인 문자 기호와 모순될 때 무슨 일이 일어나는지를 가슴 서늘하게 보여준다. 동물들이 눈앞에 버젓이 있지만, 당신은 눈을 의심한다. 문자가 더 앞선다. 직접 눈에 보이는 것보다 상징이 더욱 현실적으로 다가온다.

읽기를 배우면서 우리의 뇌는 개조되고 재프로그래밍된다.[6] 그리하여 시각적 지각은 이제 미세한 선에 더욱 강하게 반응하고, 그에 따른 뇌 활성화로 이를 확인할 수 있다. 읽기에 능숙해지면, 어린아이들과 문맹자들이 얼굴 인식에 활용하는 대뇌의 좌반구 중추가 재프로그래밍되어 상징을 해독하는 역할을 한다. 대신에 대뇌 우반구에 얼굴을 인식하는 새로운 중추가 발달한다. 진화적으로 굉장히 오래된 뇌간은 호모사피엔스와 파충류 사이에 별 차이가 없지만, 문자에 친숙해지면 뇌간조차도 재조직되는 것으로 나타났다.[7]

글을 읽을 수 있고 상징을 능숙하게 다루는 사람은 다르게

• **그림 5** 스트룹 테스트. 텍스트를 보라.

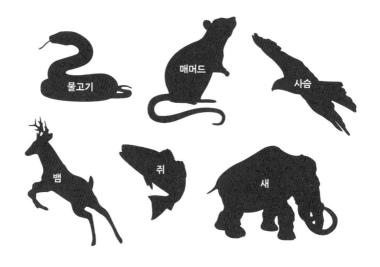

보고 다르게 느끼며 다르게 생각하고 다르게 행동한다. 뇌가 일
단 그렇게 프로그래밍되면 기호는 눈과 귀가 지각하는 현실에 대
한 평형추로 작용한다. 상징이 일단 활성화되면, 그것을 끄기는
불가능하다. 그러므로 기호를 다루는 능력이 삶에서 얼마나 중요
한 역할을 하는지 인간을 대상으로 연구하기는 힘들다. 하지만
인간과 진화적으로 가장 가까운 친척을 대상으로 실험하여, 네안
데르탈인과 초기 호모사피엔스가 처음 상징을 도입했을 때 행동
과 사고의 가능성이 어떻게 확장되었는지를 엿볼 수 있다.

　　미국에서 진행된 실험에서 연구자들은 두 침팬지 사라와 시
바를 함께 앉혀놓고는[8] 초콜릿이 담긴 접시 두 개를 보여주었다.
한 접시에 초콜릿이 더 많이 담겨 있었다. 사라가 한쪽 접시를 가

리키자, 시바가 그 접시에 담긴 초콜릿을 받았다. 사라는 손가락으로 초콜릿이 더 많이 담긴 접시를 계속 가리키면서 자신에게 거기 담긴 초콜릿을 주지 않는 것에 화를 냈다. 그러나 행동을 바꿔봐야겠다는 생각은 하지 못했다. 초콜릿을 더 많이 먹고 싶은 마음에 머리가 다른 쪽으로는 돌아가지 않았다.

하지만 사라는 수를 세고 숫자를 읽을 줄 알았다. 그래서 이어지는 실험에서 연구자들은 두 침팬지에게 더는 접시를 보여주지 않고, 초콜릿 개수에 해당하는 숫자만 보여주었다. 이제 사라는 자신이 더 작은 숫자를 가리켜야 자신에게 초콜릿이 더 많이 주어진다는 것을 알았다. 추상적 개념이 아무 생각 없이 무조건 많은 쪽을 원하는 대신, 본능을 극복하도록 도와주었던 것이다.

더욱 놀라운 것은 시바가 두 가지 색깔의 플라스틱 칩을 통해 터득한 논리적 사고였다.[9] 사라와 달리 시바는 수를 셀 수 없었다. 대신 연구자들은 시바에게 '같음'과 '다름'이 무슨 의미인지를 가르쳤다. 그리하여 연구자가 시바에게 두 개의 공처럼, 같은 물건 두 개를 내밀면, 시바는 빨간색 플라스틱 하트를 가리켰다. '같음'을 의미하는 상징이었다.

시간이 지나면서 시바의 지능은 높아졌다. 한 실험에서 연구자들은 시바에게 한 쌍의 동일한 물건, 예를 들면 두 개의 공을 보여준 뒤, 동일한 물건 한 쌍과 서로 다른 물건 한 쌍 중에서 선택하게 했다. 가령 이쪽에는 캔 두 개가 있고, 저쪽에는 공과 컵이 있는 식이었다. 그러면 시바는 자신이 본 물건과 같은 물건을 고르는 것이 아니라 물건들 사이의 관계를 파악해야 했다. 견본으로 공-공을 보여주었다면, 공-컵은 틀린 답이고, 캔-캔이 맞는 대답이었다. 답을 맞히면 시바는 상을 받았다. 시바가 이런 테스트를 훌륭하게 통과했던 것은 분명히 빨간 플라스틱 하트 덕분이었다. 이런 상징을 이용해 이성을 연마하지 않은 침팬지는 사물을 개념화하는 것에 실패했다. 그들은 견본에 공이 있고 선택지에 공이 등장하면, 무턱대고 공이 있는 쌍을 골랐다. 즉 공-공 견본을 보고 나서는 공-컵, 캔-캔 견본 중에 고집스럽게 공-컵 견본을 골랐다. 반면 시바는 연구자들이 빨간 플라스틱 하트를 가져가버린 뒤에도 이런 개념화 능력을 잃지 않았다. 산수를 배우는 아이들이 처음에는 손가락을 꼽아가며 계산하다가 나중에는 머리로 덧셈을 해내는 것처럼, 시바는 상징적 사고를 내면화했기에 더 이상 생각을 돕는 플라스틱 칩이 필요하지 않았다. 개념은 이제 시바의 이성에 뿌리를 내렸다.

더욱이 시바는 학습한 논리를 처음 보는 문제에도 응용할 수 있었다. 연구자들이 컵-컵과 공-캔처럼 동일한 물건 한 쌍과 서로 다른 물건 한 쌍을 보여준 뒤 여러 쌍 중에서 선택하게 하자, 시바는 자신이 동일한 쌍 하나와 서로 다른 쌍 하나를 골라야 한다는 사실을 알아차렸다. 견본의 첫 번째 쌍에는 빨간 하트를 놓을 수 있고, 두 번째 쌍에는 그럴 수 없다는 사실을 의식한 것처럼, 자신의 선택에서도 이와 동일한 조건을 만들어야 한다는 것을 이해했다. 그렇게 시바는 상징을 활용하여 어려운 문제를 단순하게 바꿨다. 빨간 플라스틱 하트가 시바에게 자신의 정신적 능력을 넘어서는 사고를 가능하게 했던 것이다.

상징이 필요한 까닭

상징은 이성을 위한 도구다. 최초의 석기들이 우리 조상들의 몸에 자연이 마련해주지 않은 힘을 선사해준 것처럼, 상징들은 지적 능력을 강화했다. 인류가 조개껍데기에 색칠을 하고, 셈을 하기 위해 나무에 금을 새기고, 암벽에 선을 긋기 시작한 이래 아이디어는 더 이상 우리 머릿속에서만 탄생하지 않았다. 우리는 기호를 통해서도 생각한다. 기호 없이는 할 수 없는 생각이 많다. 철학자 앤디 클라크Andy Clark와 데이비드 차머스David Chalmers는 이런 현상을 '확장된 마음extended mind'이라 칭했다.[10]

어떤 철학적 논증보다 다음 일화가 그 의미를 잘 보여준다. 어느 역사학자가 20세기의 걸출한 물리학자인 리처드 파인만Richard Feynman을 찾아갔다. 역사학자는 책상 위에 여기저기 흩어져 있는 파인만의 메모지와 공책을 보면서 감탄했다.[11]

"와, 매일의 작업을 이렇게 기록해놓으시는군요." 역사학자가 존경심 가득한 목소리로 말했다.

"이게 제 작업이에요. 메모지가 바로 작업이죠." 파인만이 대답했다.

"작업은 머릿속에서 이루어지잖아요. 하지만 그것을 여기에 적어놓으셨군요." 역사학자가 말했다.

파인만은 거침없이 대답했다. "아니에요. 이건 단지 생각을 적어놓은 것이 아니에요. 이것이 작업이에요. 작업은 종이 위에서 해야 해요. 이것이 그 종이고요. 아시겠어요?"

종이에 끼적여놓은 기호들은 숙고의 결과가 아니라 숙고의 일부분이었다. 파인만의 생각은 두뇌에서처럼 종이 위에서도 진행되었다. 기호를 정리하고 바꾸고 새로 고안하는 가운데 그의 생각이 발전했다. 그렇게 그는 아원자물리학의 복잡한 과정을 몇 개의 선으로 표현하는 자신만의 고유한 그림 언어를 만들어냈다. 파인만 다이어그램은 인간의 상상을 넘어서는 것을 표현한다. 즉 소립자가 서로 어떻게 반응하고 생겨나고 소멸하는지를 말이다.

상징은 세 가지 방식으로 지성을 확장한다. 첫째, 상징은 세상을 묘사하고 이해하는 데 도움을 준다. 상징과 더불어 우리는 감각이 인식하지 못하거나 생각이 따라가지 못하는 현실에 대해 상상할 수 있다. 입자물리학은 파인만 다이어그램을 토대로 하고, 화학은 원자를 철자로, 원자결합을 선으로 표시하는 구조식을 토대로 한다.

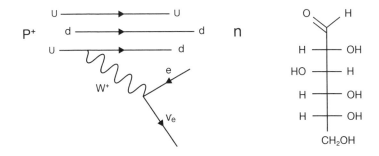

●　**그림 6**　우리는 상징을 통해서만 복잡한 과정을 이해할 수 있다. 왼쪽의 파인만 다이어그램은 양성자(p+)에서 중성자(n)로의 방사성 붕괴를 보여준다.[12] 오른쪽의 화학 구조식은 생명의 가장 중요한 에너지원인 포도당이 산소(O), 수소(H), 탄소(C) 원자로 구성되어 있음을 보여준다.

　　추상적인 개념을 처리하기 위해 빨간색 플라스틱 하트가 필요했던 침팬지 시바를 떠올려보자. 우리는 과학에서만 시바의 처지가 되는 것이 아니다. 우리는 3주간의 스케줄조차도 머릿속에 담기 힘들다. 그래서 일상적인 생각에서부터 형이상학에 이르기까지 우리의 모든 생각은 추상적 기호를 필요로 한다. 악보 없는 서양 음악은 있을 수 없고, 십자가 없는 기독교는 있을 수 없다.

　　두 번째로 상징은 생각을 조직화해준다. 그래서 현실을 묘사하는 것만이 아니라 세상을 바꾸는 데도 상징이 필요하다. 화학자는 구조식을 이리저리 활용하여, 새로운 약품, 플라스틱, 때로는 독극물을 만들어낸다. 작곡가는 종이에 음악을 쓴다. 록 밴드가 연습실에서 악기 연주를 하며 곡을 만들 수 있는 것은 머릿속에 이미 음표, 화음, 리듬이라는 상징적 표상이 들어 있기 때문이다.

세 번째로 조화로운 공동생활을 위해 상징이 필요하다. 사회가 복잡할수록 모든 사회 구성원이 그 의미를 아는 기호가 더 많이 필요하다. 그래야 낯선 사람과 의사소통할 수 있다. 한 번도 만난 적이 없는 사람들이 돈을 매개로 상품과 노동력을 교환할 수 있다. 축구팀의 색깔은 서로 알지 못하는 팬들을 하나의 공동체로 묶어준다. 상징이 현실을 만들어내는 것이다.

사람들을 결집시키는 마법

인간이 상징을 고안한 이유가 무엇인지는 아직 수수께끼로 남아 있다. 19세기에 연구자들이 최초로 동굴에 들어가 먼 조상들이 남긴 그림과 상징을 발견했을 때, 무엇이 인간을 예술가로 만들었는지에 대해 의견이 분분했다. 어떤 고고학자들은 호모사피엔스가 타고난 미적 감각을 펼치려 했던 거라고 주장했고, 또 다른 학자들은 사냥하고 싶은 동물을 그림으로써 그 동물에게 마법을 걸어 잡고자 했던 거라고 설명했다. 또 다른 학자들은 석기시대의 그림이 주술적인 의식에 사용되었을 것이라는 의견을 내놓았다.

그러나 파시에가 동굴 등의 발굴물들은 상징이 무엇보다 인간의 공동생활을 원활하게 하는 데 기여했음을 뒷받침해준다. 미국의 이론가 낸시 에이킨Nancy Aiken은 현대의 예술 시장과 화려한 전시회는 예술을 무엇보다 흥미로운 여가활동으로 보여주고자 하지만, 원래 예술은 생존에 필수적인 것이었다고 말한다. 에이킨에 따르면 예술은 상징을 만들어 인간 무리를 생존에 유리하게 하며, 인간을 서로 뭉치게 한다.[13] 더 많은 사람이 공동생활을 할수록 예술의 비중은 높아진다. 가령 장신구로 변신한 조개껍데기는 신분과 개성을 드러낼 수 있다. 즉 사람들이 어떤 대상을 상징 삼아 다른 대상을 나타낼 수 있다면, 색칠된 조개껍데기는 단순히 연체동물의 석회질 껍데기이기를 중단하고, 공동생활의 표지가 된다.

인구가 아주 적고 사람 간의 교류가 별로 없는 사회라면 그런 상징이 그다지 필요하지 않을 것이다. 실제로 가족끼리 있을 때는 목걸이를 착용할 일이 없었다. 하지만 무리가 커지고 다양해지자마자 그런 물건이 도움이 되었다. 영국의 고고학자 마크 토머스Mark Thomas는 아프리카 남부 블룸보스 동굴에서 발굴된 조개껍데기 장신구와 나중에 아프리카에서 발견된 유물들이 인구가 증가하던 시대에 생겨난 것임을 증명했다.[14]

상징은 신화를 만들고 사람들을 결집시킨다. 호주 원주민의 선사시대 암벽화 역시 예술의 발전이 공동체의 형태와 어떤 관계가 있는지를 보여준다.[15] 호주 원주민들은 지역에 따라 굉장히 다른 삶의 조건에서 살아갔다. 무더운 내륙 사막 지역의 경우 아주 넓은 땅에 소수의 주민만이 거주했다. 그러다 보니 비옥한 해안 지역보다 부족의 영토가 훨씬 넓었다. 영토가 넓으면 좁은 지역에 모여 사는 것보다 더 다양한 스타일의 예술이 생겨날 거라는 생각이 들지도 모른다. 하지만 반대다. 적은 인구가 널리 흩어진 가운데 서로에게 의존하며 살아가는 극한의 기후 지역에서는 상징이 서로를 이어준다. 그리하여 수백 킬로미터 이상 떨어진 곳에서도 바위에 새겨진 무늬와 그림이 늘 같은 모티브를 보여준다. 하지만 강수량이 풍부한 해안 지역에서는 좁은 반경에 여러 부족이 서로 공존했고 서로 다름에 가치를 두었다. 이들은 이웃들과 스스로를 구분하기 위해 예술을 활용했다. 그리하여 상당히 다양한 상징들이 등장했다. 사람들은 단합하고 구분 짓기 위해 상징을 고안했으며, 이런 기호가 생각의 도구로서 지니는 가치는 나중에야 깨달았다.

상징이 발명된 뒤, 초기 유럽인들의 그림, 삶, 이성이 어떻게 발전했는지 직접 보기 위해 나는 알타미라로 향했다. 유명한 알타미라 동굴은 나의 일행이 네안데르탈인의 그림을 발견했던 카스티요산에서 자동차로 고작 30분 거리에 있다. 호프만과 파이크, 그리고 그들의 동료들은 알타미라에서도 적철광 염료로 칠해진 부분을 발견했다. 그들이 분석한 가장 오래된 그림은 여자 신발 두 개를 겹쳐놓은 것처럼 보이는 뭔지 모를 상징이다. 이것은 우리가 생각하던 것보다 2만 년 앞선, 3만 6000년 전에 생겨난 것으로 측정되었다. 네안데르탈인이 아니라 처음 유럽에 이주한 호모사피엔스가 이 그림을 그린 것일 수도 있다.

동굴 입구는 완만한 언덕의 꼭대기에 있다. 동굴 입구에서 내려다보면 먼 옛날 이곳에서 수렵과 채집으로 먹고살았던 조상들의 삶의 공간이 한눈에 들어온다. 이쪽에서는 한때 사람들이 사슴을 사냥하고 조개를 수집하며 겨울을 보냈던 대서양 연안이 내려다보이고, 저쪽으로는 눈 덮인 칸타브리아 산맥이 시야를 채운다. 야생동물과 사냥꾼들은 여름에 이곳으로 이주해 살았다. 석기시대에 이곳의 전망은 훨씬 더 인상적이었을 것이다. 동굴 입구가 지금보다 넓게 열려 있어서 동굴에 앉아 멀리까지 내다볼 수 있었을 것이다. 1만 3000년 전 동굴 앞쪽이 무너져 내리면서 사람들은 더 이상 알타미라를 이용할 수 없게 되었다.

발굴 결과 동굴 입구의 공간에는 꽤 큰 무리가 모였던 것으로 보인다. 하지만 이곳에 계속 상주했던 사람은 소수였다. 알타미라는 일종의 행사장 같은 곳이었다. 씨족들은 해안과 산을 오가다가 서로에게서 배우고, 이야기를 듣고 결혼 상대를 물색하기 위해 이곳에 모였다.

현재 알타미라를 방문하는 사람들은 대개 땅속으로는 아예 들어가지 않는다. 그냥 동굴 입구의 공간만 둘러볼 수 있다. 하지만 우리는 일반인이 접근하지 못하도록 삼중으로 차단해놓은 철조망과 철문을 뒤로하고, 내가 지금껏 들어가본 곳 중 가장 기이한 공간으로 들어갔다. 넓이는 학교 체육관만 하고 높이는 남자 키 정도인 어두운 공간이었다. 천장은 울룩불룩해서 언덕 풍경을 내려다보려면 고개를 움츠려야 했을 것이다. 불룩한 부분마다 붉은색, 검은색, 황토색으로 그린 들소, 말, 멧돼지, 사슴이 뛰어다녔다. 동물 떼가 바위의 융기된 부분에 아주 노련하게 배치되어 있어, 들소들의 육중한 배가 우리를 향해 불쑥 튀어나와 있었다. 실물 크기의 사슴은 우리 쪽으로 머리를 뻗고 있고 엉덩이와 뒷다리 부분은 가려져 있었다. 헤드랜턴의 흐릿한 불빛으로만 그림을 비추는데도 동물의 가죽에서 빛과 그림자가 유희를 벌였다.

하지만 살아 있는 야생동물이 내 앞에 있는 것 같은 느낌은 아니었다. 내 눈에 보이는 것은 그보다 훨씬 흥미로웠다. 자연에 충실한 묘사는 아니었다. 동물마다 검은 선으로 윤곽이 둘러져 있고, 서로 다른 관점에서 그려져 있었다. 때로는 후대의 예술가가 선배의 그림 위에 덧그림을 그린 것처럼 서로 다른 스타일의 형상이 겹쳐져 있었다. 이 동굴은 2만 3000년 이상 사용되었기 때문이다. 피라미드가 건설되고부터 지금까지의 시간보다 아홉 배나 긴 세월 동안 화가들은 이곳에 그림을 그렸다. 하지만 나는 단순히 그림 아래에 서 있는 것이 아니었다. 그러기에는 동굴 천장과 그곳의 동물들이 손에 잡힐 듯 생생한 물리적 질감이 느껴졌다. 나는 고유한 현실 한가운데 있었다. 자연을 초월한, 자연 저편의 현실 말이다.

피카소는 알타미라 동굴 이후 모든 예술은 내리막길이었다고 말했다. 하지만 피카소는 무엇이 이런 환상적인 형상들을 탄생시켰는지 자문해보았을까? 오랜 세월 가장 설득력 있게 받아들여졌던 해석은 석기시대의 동물 그림이 사냥을 위한 마법이라는 관점이다. 숲속에서 야생동물을 사냥하기 위해 그림으로 그 동물에 마법을 걸었다는 것이다. 그러나 알타미라 동굴 천장에 많은 들소가 그려져 있는 것은 이런 해석에 배치된다. 그림을 그릴 당시 들소는 이미 희귀했고, 들소 사냥도 거의 하지 않았기 때문이다. 알타미라 동굴 연구소 소장 필라 파타스Pilar Fatas는 발굴에서는 주로 사슴과 말의 뼈가 발견되었다고 말한다. "예술가들은 그들이 보는 것을 그리지 않았다"는 의미다.

그밖에도 이 공간은 많은 사람 앞에서 의식을 행하기에는 적합하지 않았다. 우리가 천장의 그림 아래에서 돌아다닐 수 있는 것은 동굴 바닥을 평평하게 다듬어놓은 덕분이다. 암벽이 변색된 정도를 보면 예전 지형을 짐작할 수 있다. 그림이 그려질 당시 이곳은 어린아이가 가까스로 서 있을 수 있을 정도로 천장이 낮아서 성인은 모두 기어 다녀야 했을 것이다. 그리하여 예술가들은 뭔가를 밟고 올라서지 않아도 천장에 그림을 그릴 수 있었다. 그들은 등을 바닥에 대고 누워서 그림을 그렸다. 하지만 알타미라에 모인 사람들은 그들의 작품을 거의 볼 수 없었다.

이 예술의 가치가 이런 비밀스러움에 있었을까? 그림에 마력이 있다고 믿었던 것일까? 그림이 존재한다는 것 자체가 알타미라를 특별한 장소로 만들었을 것이다. 웅장한 그림에 접근이 쉽지 않을수록, 보지는 못하고 추측만 난무할수록, 동굴을 에워싼 신비는 더 커졌을 것이다. 그러므로 그림은 자연이 아니라 사람들을 사로잡아야 했던 것일까? 알타미라의 매력이 클수록, 아이디어와 지식을 교환하고 가족을 구성하기 위해 더 많은 씨족이 여기로 모여들었을 것이다. 한편 수천 년에 걸쳐 등을 바닥에 대고 누워서 그림을 그렸던 화가들은 스스로 신비한 힘을 믿지 않는 상태에서 그런 힘을 불러올 수 있었을까?

우리는 그곳을 떠나 동굴의 구불구불한 통로로 들어갔다. 그림들은 점점 단순해졌다. 더 이상 채색되어 있지 않고 검은색으로만 그려져 있거나 바위에 가는 선으로 새겨져 있었다. 깊은 동굴에 있는 그림 중에는 바위에 자연적으로 새겨진 입체적 형상에 몇 개의 선을 그려 넣어 동물 형상을 만들어낸 것들이 많았다. 바위의 돌출된 부분에 검은 선을 그려 넣어, 바위를 암사슴처럼 보이게 해놓은 곳도 있었다.

입구에서부터 300미터 정도 단조롭게 이어지던 통로가 갑자기 끝났다. 돌아가기 위해 몸을 돌린 순간 갑자기 얼굴들이 눈에 들어왔다. 한쪽 면에 검게 칠해진 눈과 비강이 그려진 돌들이 굉장히 으스스했다. 흐릿한 빛 속에서 그림과 바위의 모양이 교묘하게 어우러져, 마치 낯선 생물체 앞에 선 듯한 느낌이 들었다.

예술가들은 산이 살아 있다고 여긴 것일까? 자신들이 바위가 낳은 생명체를 발견했다고 생각한 것일까? 아니면 암벽의 그림이 자기 상상의 반영이기에, 결국 그들이 그림 속에서 마주하는 것은 자기 자신임을 이해했을까?

그림을 그린 사람 중 하나는 바위에 손도장을 남겼다. 한순간 나는 그에게 이런 질문을 하는 상상을 해보았다. 하지만 이내 석기시대 예술가가 내 생각을 과연 이해할까 하는 의심이 들었다. 그는 우리가 바위 안에 사는 영혼들을 알아보도록 자신이 바위에 그림을 그린 것이라고 대답할지도 모른다. 그러면 나는 그에게 맞장구칠 것이다. 채색된 암벽들은 더는 죽은 광물이 아니다. 그것들은 우리의 램프 불빛 속에서 살아나기 시작한다. 땅속의 그림들이 자연에 의미를 부여한다.

통로 끝부분의 바위에는 뭔지 모를 기호가 그려져 있었다. 분명 아는 사람들끼리만 볼 수 있도록 눈에 잘 띄지 않는 곳에 사람 크기의 검은 직사각형을 그려놓은 것이었다. 직사각형 안에는 꽤 복잡한 사선과 다양한 형태의 체크무늬가 있었다. 마치 뭔가를 세는 데 사용된 것처럼 보였다. 달력이나 지도였을 수도 있다. 어쨌든 이런 상징을 표시해놓은 사람들은 세상에서 더 높은 질서를 보고자 했던 것이 틀림없다. 이들은 채색된 조개껍데기를 추상적 상징으로 활용했던 사람들보다 한 발 더 진보한 이들이었다.

우리는 물리학자 호프만과 고고학자 파이크가 연대를 측정했던 네안데르탈인의 그림이 있는 파시에가 동굴에서 더 복잡한 상징들도 발견했다. 그곳에는 누군가가 눈높이의 바위에 아주 세심하고 질서 정연하게 그려놓은 붉은 원들과 수직선들이 있었다. 어떤 곳에서는 이런 상징들이 따로따로 그려져 있고, 어떤 곳에서는 이국적인 문자처럼 서로 연결되어 있었다. 그림은 팔이 살짝 닿지 않는 곳에 그려져 있었으며, 아래에 밑줄 두 개가 그어져 있었다. 그 옆에 그려진 두 개의 단순화된 손 그림이 시선을 끌었다. 바닥에는 붉은 광물을 빻는 데 썼던 돌이 놓여 있었다. 이 작품의 연대는 아직 알려져 있지 않다.

나는 일행에게 네안데르탈인이 문자처럼 보이는 이런 기호들을 사용했을지 물어보았다. "왜 아니겠어요? 우리보다 뇌도 컸는데." 파이크가 대답했다.

5장

상상력이 만든
세계

하늘 원반은 독일에서 발견된 가장 수수께끼 같은 물건이다. 하늘 원반은 1999년 7월 4일 소도시 네브라 인근에 있는 치게로다 숲의 미텔베르크라는 곳에서 발견되었다. 그 더운 일요일에 두 명의 도굴꾼이 남몰래 땅 위에 탐지기를 댔다. 작센-안할트주는 허가 없이 보물을 찾는 행위를 법으로 금지하고 있다. 정오경에 헤드폰에 날카로운 신호음이 들리자 도굴꾼들은 소방관용 도끼로 마른 땅을 파헤쳤다. 땅속에서 금빛이 반짝였다. 그들은 도끼를 버리고 맨손으로 계속 파들어 갔다. 누군가 묻어둔 것으로 보이는 돌판이 손에 잡혔다. 세 시간 뒤, 그들은 청록색 바탕에 금장식이 있는 청동 원반을 조심스럽게 흙속에서 꺼냈다. 돌판이 원반을 지지해주도록 원반과 돌판을 함께 묻은 듯했다. 원반은 둥글고, 납작했으며, 디너 접시보다 약간 더 컸다. 한 면은 금으로 장식되어 있었다. 서로 다른 크기의 금색 점들과 원들이 빛났다. 배를 연상시키는 아치 모양의 호와 초승달을 연상시키는 낫 모양도 있었다. 오른쪽 가장자리에도 금으로 된 원호가 있었는데, 이와 짝을 이루는 왼쪽 가장자리의 원호는 떨어져 나간 것으로 보였다.

도굴꾼들은 청동검 두 개, 도끼 두 개, 끌 하나도 발견했다. 어느 군주의 부장품이었던 걸까? 원반이 그의 방패였던 걸까? 도굴꾼들은 오래 생각하지 않았다. 그들은 얼른 물건을 챙겨 자동차에 시동을 걸었고, 거래상은 이들에게 3만 1000마르크를 지불했다.

2년 뒤 작센-안할트주 박물관 소속 고고학자인 하랄트 멜러Harald Meller가 장물아비를 통해 하늘 원반의 흐릿한 사진을 보게 되었다. 그는 이것이 평범한 물건이 아님을 단번에 알아차렸다.[1] 그는 사진을 천문학자에게 보여주었다. 천문학자는 금색 점은 별자리, 커다란 원은 태양, 낫 모양은 초승달로 보인다고 했다. 원반이 천문학적 도구임에 틀림없다는 것이었다! 그 말이 맞는다면, 이 발굴물은 정말 굉장한 것이었다. 그 어디에도 이런 연대에 이런 종류의 유물은 없었다. 수메르의 천문학자들은 설형문자로 일찌감치 별들의 목록을 작성했다. 하지만 이 원반은 우주를 시각적으로 묘사한 것이 아닌가. 메소포타미아나 파라오 시대 이집트, 그리스나 고대 중국, 마야 제국에서도 이런 천체 지도는 발견된 적이 없다. 게다가 천문학자는 이 원반으로 각각의 별이 어디에 있는지 방향을 알아낼 수 있다고 했다. 고대의 어느 문화에도 이렇게 들고 다니며 하늘을 관찰할 수 있는 도구는 없었다.

엘베와 하르츠 사이의 숲에 살던 사람들은 어떤 지적 능력을 지니고 있었기에 다른 고대 문명에는 없는 이런 도구를 만들어냈던 것일까? 아니면 누군가 이것을 위조한 것일까? 멜러는 그 원반이 초기 청동기시대의 것임을 의심하지 않았다. "만약 가짜라면, 제작 즉시 팔아넘겼지, 긴 세월 동안 땅속에 묻어놓지는 않았을 거예요."

멜러는 그 발굴물을 손에 넣은 장물아비 부부와 접촉했다. 그들은 70만 마르크에 주 박물관에 원반을 넘기겠다고 했다. 멜러는 물건을 한번 보겠다는 핑계를 대고 바젤의 한 호텔에서 만나자는 약속을 했다. 하지만 이미 경찰과 각본을 짜둔 참이었다. 그리하여 장물아비들이 스웨터 안에 감추어 온 원반을 꺼내 멜러 앞의 테이블에 올려놓은 순간 스위스 경찰들이 나타나 그들을 체포했다. 결국 도굴꾼도 붙잡혔다. 그 유물은 할레 주립 선사박물관으로 넘어왔다. 멜러의 추측은 맞아떨어졌다. 화학적 분석 결과 이 원반은 적어도 3600년 전에, 길게는 4100년 전에 만들어진 것으로 추정되었다.[2]

하늘 원반에 담긴 세계관

원반이 무엇을 상징하는지는 정확히 알려져 있지 않다. 그러나 그 원반이 밤하늘을 보여주고 있음은 의심의 여지가 없다. 처음에 태양을 뜻한다고 생각되었던 황금 원은 아마도 보름달을 상징하는 듯하다. 그리고 보름달과 초승달 사이에 모여 있는 일곱 개의 작은 동그라미들은 플레이아데스성단을 나타낸 것으로 보인다. 원반 오른쪽 가장자리의 황금 원호와 왼쪽 가장자리의 떨어져 나간 원호 자국은 위아래로 각각 82도의 각도를 이루고 있다. 이 각도는 중부 독일에서 동지와 하지에 지평선 위로 태양이 뜨고 지는 지점 사이의 거리에 상응한다. 한마디로 이 원반을 이용하면 봄과 가을의 시작을 천문학적으로 확인하여, 행사뿐만 아니라 파종과 추수를 계획할 수 있다. 한편 청동기시대에 플레이아데스성단은 동지에는 해 질 녘 어스름에 뜨고 하지에는 새벽 여명에 졌다는 사실을 고려하면, 이 원반은 고대 바빌로니아의 천문학자들이 골머리를 썩였던 문제, 즉 양력과 음력을 맞추는 문제를 해결하는 데도 도움을 주었던 듯하다.[3]

네브라 하늘 원반은 밤하늘을 그대로 모사해놓은 것이 아니다. 신화를 표현한 것도 아니다. 우주의 모습을 추상적으로 재현한 것이다. 여기에 나타난 원리를 표현하려면, 눈에 보이는 지각뿐만 아니라 신화적 표상으로부터도 떨어져 나와야 했다. 눈에 보이는 인상을 탐구하고, 수많은 별자리 관측을 분석하고, 이들을 서로 비교해야만 현실에 대한 새로운 상을 발견할 수 있었다. 즉 네브라 하늘 원반은 감각만이 아닌 이성을 동원하여 보아야 하는 이미지다. 네브라 하늘 원반은 당시 사람들의 눈에 직접 보이지 않는 세계를 표현한다.

네브라 하늘 원반에서 진짜 놀라운 점은 당시 사람들이 이런 추상화가 가능했다는 사실이다. 그들의 문화는 이런 원반의 존재가 당연한 문화가 아니었다. 메소포타미아와 달리 독일 숲에는 여러 세대에 걸쳐 지식을 축적한 학자가 없었다. 청동기시대 유럽에는 문자도 없었다. 그럼에도 이곳 사람들은 천문학 도구를 고안해냈고, 지금까지 알려진 바로는 최초로 밤하늘을 이미지로 나타냈다. 네브라 하늘 원반은 단순히 눈에 보이는 것을 넘어선, 상상력의 승리다.

모든 창조적 행위는 친숙한 현실을 거스르는 것이다. 세상을 변화시키려는 사람은 지금은 눈에 보이지 않지만 앞으로 일어날 수도 있는 상태를 머릿속으로 볼 수 있어야 한다.

300만 년 전 인류의 조상이 최초로 도구를 만들었을 때 그들은 사물이 반드시 눈에 보이는 그대로의 모습으로 있을 필요는 없음을 알았다. 부싯돌 조각은 능숙한 사람의 손을 거친다면 주먹도끼 형태를 띨 수 있다. 그러나 이런 변화는 변화를 주기 전에 앞으로의 상태를 상상할 수 있어야만 가능하다. 훗날 인간은 오로지 상상력을 통해 상징적인 사고를 발전시키고, 최초의 예술 작품을 만들어낼 수 있었다. 그들은 셈을 위한 막대, 조개, 장식된 돌에 의미를 부여했다.

내면의 눈으로 상상의 세계를 보는 능력이 없었다면 문화는 발전하지 못했을 것이다. 피라미드, 파르테논 신전, 중국의 만리장성은 일꾼들이 첫 삽을 뜨기 오래전에 이미 건축가들의 머릿속에 이미지로 존재했다. 과학자들은 감각으로 인식할 수 없는 연관들을 상상하면서 세상을 변화시켰다. 행성의 궤도나 전기력선을 본 사람은 아무도 없다. 그럼에도 그 개념들을 이해할 수 있는 것은 단지 그것을 상상할 수 있기 때문이다. 정치가들은 올바른 논지를 동원해 추종자를 모으지 않는다. 오히려 그들은 더 나은 미래나 위협에 대한 이미지를 불러일으킨다. 상상력이 아니면, 사회는 돌아갈 수 없을 것이다.

그렇다면 인간의 상상력은 어디에서 오는 것일까? 하늘을 관찰하는 것은 예로부터 상상을 무르익게 하는 좋은 수단이었으며, 자기 내면의 이미지들을 파악할 수 있는 좋은 기회였다. 상상과 지각이 불가분의 관계임을 이해하기 위해서는 보름달이 떠오르는 것을 의식적으로 바라보기만 하면 된다. 간혹 지평선 위에 주황색 쟁반처럼 큰 보름달이 둥실 떠오른 것이 보인다. 달은 거의 손에 잡힐 것만 같다. 물론 우리는 달이라는 천체가 지구에서 35만 킬로미터 이상 떨어져 있어서 가까이에 있는 물건처럼 우리의 시야를 가득 채울 수 없음을 알고 있다. 하지만 기이하게도 이런 부인할 수 없는 사실이 무색하게, 달은 정말로 큰 쟁반처럼 눈에 들어온다. 이런 순간이면 평소 굉장히 이성적인 사람도 달에 소원을 빌고 싶어지고, 달에 마법적인 힘이 있다고 믿거나 보름달 아래에서 감정을 주체하지 못하는 사람들의 심정이 이해가 간다. 하지만 두세 시간 지나면 달은 다시 원래 크기로 보인다. 높은 하늘로 올라가, 별들 사이로 보이는 보름달은 지평선 가까이에 있을 때보다 지름이 절반 정도로 줄어든 것 같다. 누군가 달을 확 쪼그라뜨린 것일까?

보름달과 관련한 이런 수수께끼는 생각의 역사만큼 오래되었다. 메소포타미아 니네베에 있는 아슈르바니팔 왕의 도서관 유적지에서 발견된 점토판의 설형문자도 이미 이런 현상을 기록하고 있다. 네브라 하늘 원반을 만든 사람들도 틀림없이 밤이 깊어지면서 달이 쪼그라드는 것을 놀랍게 여겼을 것이다.

이후 인류의 위대한 지성들은 이런 문제에 골몰했다.[4] 감각이 전해주는 외부 세계의 정보가 얼마나 믿을 만한지, 거기에 우리의 상상이 얼마나 가미되는지가 논의되면서 근대에는 감각에 대한 연구를 '실천철학'이라고 칭했다. 그리하여 지평선 위의 달은 모든 시대를 통틀어 가장 영향력 있는 철학서인 이마누엘 칸트Immanuel Kant의 《순수이성비판》에도 등장한다. 칸트는 모든 사고가 눈에 보이는 것에서 시작된다는 것을 알았다. 영어의 'I see'

도 '나는 본다'만이 아니라 '나는 이해한다'라는 뜻이지 않은가.

밤에 보름달이 부풀었다가 쪼그라드는 것이 하늘에서 벌어지는 일이 아니라 우리 머릿속에서 벌어지는 현상임을 확인하는 것은 어렵지 않다. 환상을 깨야 한다는 사실이 좀 거슬리겠지만 엄지를 달 쪽으로 뻗어보는 것으로 충분하다. 지평선 위로 엄청나게 커 보이는 주황색 달에 손가락을 뻗어보면, 마치 마술을 부린 것처럼 달은 평소 밤하늘에 높이 떠 있을 때의 정상적인 크기로 돌아온다.

무엇인가가 우리로 하여금 달의 모습을 왜곡해서 지각하게 하는 것이 틀림없다. 이마누엘 칸트는 "제아무리 천문학자라도 달이 떠오를 때 더 크게 보이는 것"을 막을 재간은 없다고 했다. 그러나 달이 확대되는 것은 눈에서 일어나는 일이 아니다. 만약 눈에서 일어나는 일이라면 달 쪽으로 엄지를 내밀어도 달의 크기는 변하지 않아야 한다. 사실 망막에 맺히는 달의 상은 달이 하늘에 어느 높이로 떠 있는지와는 완전히 무관하다. 오늘날 우리가 알고 있듯이, 달은 망막에 약 10분의 1밀리미터의 밝은 얼룩을 만들어내며, 이것은 대략 바늘의 뾰족한 부분 정도에 해당한다. 그러므로 달이 크게 보이는 것은 우리의 상상 탓이다. 상상이 현실로 보이는 것이다.

소박한 실재론자들의 착각

사람들은 상상을 정말 쉽게 믿는다. 우리가 마주한 하얀 벽은 노을이 비칠 때도 하얗게 보인다. 자동차에 올라 한동안 고속도로를 빠르게 질주한 다음에는 풍경이 마치 거의 정지해 있는 것처럼 보인다. 시속 140킬로미터로 달려도 상당히 여유 있게 느껴지고, 속도를 좀 줄이면 굉장히 느리게 느껴진다. 속도계가 여전히 시속 110킬로미터를 표시하는데도 말이다. 또한 우리는 우리가 3차원 세계에 있고, 우리가 있는 공간이 눈에 보이는 그대로라고 확신한다. 그러지 않을 수 없다.

이런 태도를 '소박한 실재론naive realism'이라고 한다. 결코 비하적인 용어가 아니다. 소박한 실재론자는 현실이 자신의 경험 그대로라고 믿는다. 자연이 우리에게 부여한 세계관이다. 감각을 신뢰하는 것이 생존에 더 이롭기 때문이다. 영국 철학자 사이먼 블랙번Simon Blackburn에 따르면 소박한 실재론은 "철학자들이 퇴근하고 나서 취하는 태도"다.

소박한 실재론은 우리의 상상이 지각에 개입한다는 사실을 부인한다. 지각 혹은 생각은 우리가 현실로 여기는 추측에서 비롯된다. 우리의 세계상은 이런 추측으로 이루어진다. 우리는 세계상을 만드는 데 스스로 관여하고 있음을 의식하지 못하는 가운데 이런 세계상에 매여 살아간다. 이것이 창조적 이성의 비극이다. 우리는 끊임없이 고안해내지만, 자신의 고안을 고안으로 인식하지 못한다. 우리의 문제는 상상력이 부족한 것이 아니라 상상을 하고도 상상을 하는 줄 모른다는 것이다. 하지만 네브라 하늘 원반을 제작한 옛 선배들은 현실이 종종 눈에 보이는 것과 다르다는 사실을 알고 있었다.

사람들은 어떤 가정을 변치 않는 사실로 여기곤 한다. 창조적 사고는 이런 가정이 가정임을 깨닫고 새로운 생각의 여지를 여는 것에서 시작된다. 이상하게 생각하는 사람만이 아이디어를 떠올릴 수 있다. 폴란드 시인 비슬라바 쉼보르스카Wislawa Szymborska는 1996년 노벨문학상 수상 연설에서 "영감이 무엇이든, 그것은 끊임없이 '난 모른다'라고 생각하는 데서 생겨난다"고 했다.

모든 예술작품은 '난 알지 못한다'는 태도에서 탄생한다. 그러나 쉼보르스카는 영감이 예술가의 전유물은 아니라고 했다. 영감은 마음을 여는 모든 사람에게 찾아온다. 아주 오랫동안 창의적 사고는 운 좋은 사람에게만 주어지는 특별한 능력으로 여겨졌다. 그러나 오늘날 우리는 창조성을 발휘하게 하는 특별한 뇌 기능 같은 것은 없음을 알고 있다. 창조성은 기본적인 지각 메커니즘을 활용한다. 보고, 듣고, 냄새 맡고, 맛보고, 느낄 때마다 우리는 그것들을, 우리가 지각한 것들을 지어낸다.

따라서 창의성을 향한 결정적인 걸음은 소박한 실재론을 거부하는 것이다. 3600여 년 전의 네브라 하늘 원반 제작자들이 눈

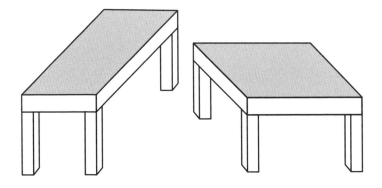

· **그림 7** 셰퍼드 테이블. 두 테이블의 상판은 같은 모양이다. 측정해보면 쉽게 확인이 가능하다. 테이블 다리들의 배치 때문에 서로 다른 크기의 테이블인 듯한 착각을 불러일으킨다.

에 보이는 별들의 모습이 아니라 우주의 법칙성을 묘사한 것처럼 말이다. 우리는 왜 그들의 본보기를 따르지 못하는 것일까?

우리는 세상이 우리가 경험하는 것과 다르다는 사실을 이미 알면서도 소박한 실재론자로 살아간다. 다들 착시 효과를 일으키는 이미지를 한 번쯤은 보았을 것이다. 나선형의 형체가 회전하는 듯이 보이기도 하고, 종이 속의 그림들이 막 움직이기도 하며, 흑백 인쇄물에서 갑자기 색깔이 튀어나온다. 가느다란 선으로 그려놓은 정육면체에 갑자기 공간적 깊이가 생기면서 한 모서리가 앞으로 튀어나왔다가 뒤로 들어가기를 반복한다. 1990년 미국 심리학자 로저 셰퍼드Roger Shepard가 그린 테이블도 이런 종류의 착각을 불러일으킨다. 그림 7의 두 테이블을 비교해보라. 좁은 문으로 테이블을 가지고 나가야 한다면 어떤 테이블을 선택하겠는가? 한 테이블의 상판을 다른 테이블에 꼭 맞게 포개어놓을 수 있겠는가? 첫 번째 질문에는 모두가 왼쪽 테이블을 고를 것이고, 두 번째 질문에는 모두가 아니라고 대답할 것이다. 하지만 사실 테이블의 상판은 완전히 똑같은 크기다. 다만 서로 90도 각도가 되도록 돌려놓았을 뿐이다. 그런데도 테이블 상판의 크기가 서로 달라 보이는 것은 테이블 다리가 유발하는 원근감 때문이다. 그래서 세로 방향의 길이가 원래보다 더 길어 보이는 것이다.

이런 착시 현상은 놀랍기는 하지만, 감각적 경험에 대한 우리의 신뢰를 심하게 흔들지 못한다. 놀라움이 금방 잦아들면서 이런 헷갈림은 착시 효과를 유발하는 특별한 그림 때문이라고 생각해버린다. 우리의 지각이 모순을 유발한다고 보기보다는 이 특별한 그림이 우리를 함정에 빠뜨렸다고 생각하면서 안심하는 것이다. 그리하여 이내 우리는 다시 소박한 실재론자로 돌아간다.

우리가 현실을 있는 그대로 볼 수 없는 이유

지각의 메커니즘은 의식적으로 실행되는 것이 아니기에, 우리는 우리가 지각의 메커니즘에 더하는 상상을 부인한다. 지평선 위에 커다랗게 떠오르는 주황색 달이 우리의 상상일 뿐이라고?

아니, 우리는 그런 만월을 실제로 보지 않는가. 시각피질을 관찰한 결과는 우리가 어째서 왜곡을 실제라고 여기는지를 보여준다. 왜곡은 그 (왜곡된) 정보가 비판적 이성에 닿기 전에 생겨나기 때문이다. 후두엽에 위치한 시각피질은 눈에서 도착한 신호를 가장 먼저 처리하는 영역이다. 시각피질은 시신경이 전달하는 전기 자극을 이미지 정보로 변환한다. 시각피질에서 비로소 우리가 색, 형태, 대조로 경험하는 것이 만들어지는 것이다. 또한 시각피질은 모래알은 아주 작게, 산은 아주 크게 지각하게 한다. 특정 대상을 다루는 시각피질의 뉴런 수가 많을수록, 우리는 그 대상을 더 크게 경험한다. 그 대상이 망막에 얼마나 큰 상으로 맺히는지와 전혀 상관없이 말이다.[5]

즉 뇌가 돋보기 역할을 하는 것이다. 자신의 손을 이용한 간단한 실험을 통해 이를 실감할 수 있다. 오른팔을 쭉 뻗은 다음 오른손을 눈높이에서 수직으로 세워 손등이 보이게 하라. 그리고 오른손 옆에 왼손을 들어보라. 똑같이 수직으로 손등이 보이게 들되, 왼팔을 구부려서 왼손이 오른손보다 눈 가까이에 있게 하라. 자, 이제 당신은 손가락 끝이 위를 향하게 한 채 양손을 똑같이 들고 있다. 상체로부터의 거리만 다를 뿐이다. 그런데 잠깐, 양손이 거의 같은 크기로 보이지 않는가? 그리고 당신은 그 사실에 놀라지도 않고 자연스럽게 받아들이고 있지 않은가? 어떻게 그럴 수 있을까? 눈에서 오른손까지의 거리가 왼손까지의 거리의 약 두 배인 것을 고려하면, 오른손이 왼손보다 더 작아 보여야 하지 않을까?

양손의 크기가 똑같아 보이는 것은 시각피질에서 더 멀리 있는 손이 확대되었기 때문이다. 서로 떨어진 거리만큼 말이다. 같은 종류의 대상은 비슷한 차원에서 경험해야 분간이 잘되기 때문에 그렇게 확대되는 것이다(팔을 그대로 뻗은 채로 오른손을 서서히 왼쪽으로 옮겨 보라. 그러면 비로소 두 손이 서로 직접적으로 비교되면서 상상이 사라진다. 두 엄지가 서로 겹치는 순간 눈으로부터의 거리에 맞게 오른손이 왼손보다 더 작아 보일 것이다).

2014년 독일 윌리히 연구센터의 과학자들은 떠오르는 보름달을 볼 때도 시각피질에서 동일한 과정이 진행된다는 것을 증명했다. 지평선 위에 낮게 떠 있을수록 달은 시각피질을 더 많이 활성화시키고, 그럴수록 더 크게 보인다.[6] 앞에 놓인 손이 뒤에 놓인 손을 커 보이게 하는 것처럼, 전방에 있는 나무나 산이나 물결 등이 그 뒤로 떠오르는 더 멀리 있는 달을 확대시킨다. 한밤중에는 별이 총총한 밤하늘에 비교 대상이 될 만한 것이 없으므로, 달은 망막에 맺힌 상에 상응하여 작게 보인다.[7]

사실 우리의 뇌는 확대경보다 상을 훨씬 더 많이 변화시킨다. 확대경으로 보면 해당 물체뿐만 아니라 모든 것이 늘어나 보인다. 반면 얼굴 앞에 놓인 손을 볼 때는 멀리 뻗은 손만 더 크게 지각될 뿐, 나머지 것들은 원근법적으로 올바르게 지각된다. 보름달이 뜨는 저녁에도 보름달만 크게 보일 뿐, 주변 배경은 평소와 똑같아 보인다. 이 모든 것은 광학적으로 완전히 불가능한 일이다. 세상의 어떤 카메라도 장면을 이렇게 찍을 수는 없다. 그러므로 당신이 보는 것은 가짜다.

지각은 조작한다. 우리가 세상에서 무난하게 살아갈 수 있는 것은 상상력 때문이다. 카메라는 단지 광학 법칙을 따른다. 동일한 피사체 앞에서 카메라 셔터를 두 번 누르면 똑같은 이미지가 만들어진다. 수백만 개의 픽셀이 장착된 디지털카메라의 센서는 인간 눈의 망막에 해당한다. 하지만 인간 눈의 망막이 전달하는 것은 전혀 사실에 가깝지 않다. 빛에 민감한 간상세포와 원추세포는 망막에 불균형하게 분포되어 있어 눈은 시야의 중심부에서만 선명한 상과 색을 감지할 수 있다. 이 작은 영역 바깥의 세상은 간유리를 통해서 보듯 흑백으로 흐리게 보인다.

믿기지 않는다면, 친구에게 몇 개의 알록달록한 색연필을 들고 양팔을 벌리고 있게 하라. 이때 당신은 친구의 코에 시선을 맞추고 있어야 한다. 아마 당신은 색연필이 어떤 색상 순서로 배열되어 있는지 말하지 못할 것이다. 물론 당신이 유혹을 견디지 못하고, 아주 잠깐 친구의 코에서 시선을 돌려 색연필 쪽을 힐긋 쳐다보지 않는다면 말이다. 친구가 몇 걸음 떨어져 있으면, 친구의 얼굴 정도만이 당신 눈에 선명한 상과 색으로 감지될 것이다. 그런데도 친구의 얼굴뿐만 아니라 사방이 모두 알록달록하고 세세하게 보이는 이유가 무엇일까? 그것은 당신의 동공이 우리 실험에서 금지하는 일을 하기 때문이다. 즉 동공이 다른 쪽으로 연신 뜀뛰기를 하기 때문이다. 당신은 1초에 10~30번까지 무의식적으로 시선을 돌려서 상의 다른 부분에 계속 포커스를 맞춘다. 이에 대해 당신이 전혀 의식하지 못하는 것은, 눈이 움직일 때 뇌가 눈에서 오는 정보를 꺼버리기 때문이다.

동공이 새로운 목표로 향하자마자 순간적으로 당신은 눈이 먼다. 그렇게 당신의 눈은 1초당 10~30개의 스냅샷을 찍는다. 각각의 스냅샷은 대부분 흐릿하고 흑백이며, 중앙의 작은 영역만 윤곽과 색깔에 대한 정보를 제공한다. 그러면 이제 뇌의 시각피질이 이 모든 인상으로부터 퍼즐을 맞추듯 세세하고 다채로운 세계에 대한 환상을 구성한다. 여자 친구의 얼굴, 그녀의 빨간 원피스, 배경의 나무, 하늘의 양털 구름처럼 우리에게 보이는 하나의 상이 사실 우리가 한꺼번에 보는 것이 아니다.

게다가 눈이 세부적인 윤곽과 색깔을 감지해내는 영역에서조차 우리의 지각은 현실에 부합하지 않는다. 심지어 해상도가 가장 높은 시야 중심부의 가장 한가운데에서 우리는 아무것도 보지 못한다. 그 부분에 바로 맹점이 있기 때문이다. 망막에서 정확히 수정체 맞은편에 위치한 부분에는 빛을 감지하는 세포가 하나도 없는 지점이 있다. 이 지점에서 시신경이 서로 연결되기 때문이다. 자, 맹점을 직접 경험해보라. 오른쪽 눈을 감고 왼쪽 눈으로

그림 8 오른쪽 눈을 감고 왼쪽 눈의 시선을 십자가에 고정시킨 다음 책을 얼굴 쪽으로 이동시켜라. 그러면 얼굴과 약 15센티미터 정도 떨어진 곳에서 검은 점이 사라질 것이다. 그 지점에서 망막에 맺히는 검은 점의 상이 딱 맹점에 위치하게 되기 때문이다. 뇌의 시각체계는 이런 공백을 주변의 회색 톤으로 채운다.

그림 8의 십자가를 보라. 그러고는 책을 점점 가까이 해서 그림을 코끝에서 한 뼘 정도 떨어지게 하면, 갑자기 그림 속의 검은 점이 사라질 것이다. 그 점이 눈의 맹점과 일치하기 때문이다.

맹점을 별것 아닌 것으로 생각할지 모르지만 사실 맹점은 크다. 맹점 때문에 밤하늘에 높이 뜬 보름달 15개 정도가 들어갈 만한 영역이 보이지 않게 된다. 그렇다면 어째서 우리의 시야에 커다란 구멍이 뚫리지 않는 것일까? 한쪽 눈이 다른 쪽 눈의 맹점을 상쇄해주기 때문은 아니다. 한쪽 눈을 감고 보아도 구멍 같은 것은 보이지 않는다. 그림 8을 이용한 작은 실험이 그 원인을 말해준다. 책을 가까이 해서 검은 점이 사라지자마자 그 자리가 주변처럼 회색으로 보인다. 헷갈리지 않도록 우리의 뇌가 뭔가를 만들어낸 것이다. 이런 순간 우리는 눈앞에 놓인 현실이 아니라 우리가 무의식적으로 상상한 것을 본다. 즉 우리가 외부 세계로 경험하는 것은 우리 스스로 만들어낸 것이다.

시각적 인식을 연구하는 신경학자 빌라야누르 라마찬드란Vilayanur S. Ramachandran은 우스갯소리로 자신이 맹점을 활용해 동료의 목을 베곤 한다고 말한다. 지루한 교수회의에서 끝없이 말이 이어지면, 그는 의장 옆의 한 지점에 시선을 고정한다. 그렇게 하여 의장의 얼굴이 맹점에 들어오면, 의장은 꼭 목이 잘린 것처럼 보인다.

물론 뇌는 회의 시간의 지루함을 내쫓기 위해 맹점을 환상으로 채우는 것이 아니다. 이 끝에서 저 끝까지 선명하고 알록달록한 시야를 지각하는 것이 더 멋지기 때문도 아니다. 없는 것을 지어내는 노력은 오히려 진화적인 이유로 설명할 수 있다. 자신이 처한 환경에서 최대한 안전하게, 최대한 머리를 적게 쓰는 가운데 살아갈 수 있다면 얼마나 좋겠는가. 정글에 앉아, 대부분은 흐릿하게 보이는 데다 맹점으로 끊기기까지 하는 표범의 윤곽을 보고 저것이 게걸스러운 주둥이를 가진 표범일까 아닐까를 곰곰이 생각한다면 얼마 안 가 잡아먹히고 말 것이다. 실제로는 거의 보이지 않는 맹수를 아주 명확하고 단호하게 식별해내야만 목숨을 구할 기회를 얻는다. 그리하여 우리의 지각과 이성의 모든 통로가 세상에 대해 최대한 단순한 환상을 만들어내게 되었다. 현실이 단순하지 않을 때에도 아랑곳하지 않고 말이다. 진화에서 가장 중요한 가치는 진실이 아니라 생존이다.

이제 130페이지의 그림을 보라. 뭔가를 알아볼 수 있겠는가?

아마 아무것도 알아볼 수 없을 것이다. 오랜 시간 이 그림을 살펴 봐도 대부분의 사람들에겐 검은 얼룩과 밝은 색의 얼룩이 그냥 별 뜻 없이 그려진 것으로 보일 것이다. 그 속에 명확히 알아볼 수 있는 이미지가 숨어 있는데도 말이다(답은 곧 알게 될 것이다). 이미 지를 알아보고 싶다면 밝은 색과 어두운 색을 전체로 통합해 봐 야 한다. 그림 아래쪽의 밝은 부분에 있는 길쭉한 얼룩 두 개와 동 그란 얼룩 두 개는 서로 관계가 있을까? 아니면 동그란 얼룩들만 연관이 있고 길쭉한 얼룩들은 무시해도 되는 걸까?

오랫동안 뇌는 감각적 인상에서 출발해 한 걸음 한 걸음 현 실의 상을 구성하는 것으로 여겨져왔다. 이런 추측에 따르면 지 각과 사고는 우선 범죄 현장을 샅샅이 수색해서 흔적을 찾고, 모 든 증인을 심문한 뒤, 어떻게 범죄가 발생했고 누가 범인인지를 조심스레 가정하는 탐정처럼 일한다.

하지만 당신은 이런 접근 방식으로는 실패할 것이다. 그림에 대한 모든 정보가 눈앞에 있는데도 당신은 이미 포기 상태일 것 이다. 해결 과제는 기본적으로는 아주 간단하다. 밝은 부분과 어 두운 부분을 올바로 분류하자마자 이미지가 드러난다. 따라서 생 각할 수 있는 모든 조합을 머릿속에서 돌리기만 하면 된다. 하지 만 조합이 너무나 많다 보니, 당신은 이런 방법을 선뜻 시도할 수 없을 것이다. 당연한 일이다. 노력에 비해 소득이 없기 때문이다. 시각체계가 이런 패턴들을 다 읽어내려면 시간이 너무 오래 걸린

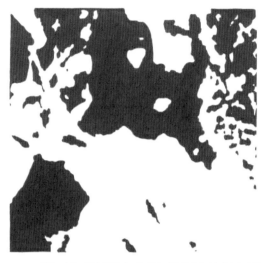

●　　**그림 9**　아는 것만 보인다. 여기서 어떤 형상을 알아볼 수 있을까?

다. 다른 할 일도 많은데 어떻게 그럴 시간이 있겠는가. 지각은 그렇게 작동하지 않는다.

　　오히려 이와 반대로 하는 것이 해결책이 될 수 있다. 모든 것을 살펴보고 힘들게 하나의 가설을 세우는 대신, 하나의 가설을 세우고 그것이 들어맞는지를 점검하는 방법이다. 현장 검증을 하기 전부터 이미 집히는 것이 있는 대담한 수사관들이 바로 이렇게 한다. 심증이 있는 상태에서 현장에 나간 수사관들은 상황을 되도록 폭넓게 파악하고자 하지 않는다. 오히려 그들은 현장 상황이 자신들의 의심을 뒷받침해주는지, 아니면 의심에 배치되는지를 확인한다.

그러면 엄청난 노력을 절약할 수 있다. 세부적인 것들을 일일이 점검하는 대신, 자신의 가설을 확인해주거나 반박해주는 정보들만 점검하는 것이다. 당신도 이 그림을 그렇게 살펴보았을 것이다. 혹시 표범 가죽일까, 아니면 파도가 해변의 모래사장에 만들어낸 무늬일까, 아니면 나뭇잎의 그림자일까 하면서 매번 자신의 가설이 맞는지를 자문한 뒤, 또다시 다른 추측을 해보았을 것이다.

신경과학에는 '베이즈의 뇌Bayesian brain'라는 말이 있다. 영국의 목사이자 수학자였던 토머스 베이즈Thomas Bayes의 이름을 딴 것이다.[8] 18세기에 베이즈는 계속 가설을 만들어내고 테스트함으로써 점점 더 확실한 인식에 이르는 과정을 간단한 공식으로 표현했다. 하지만 그는 이 공식을 공개하지 않았다. 그러다 1761년 베이즈가 사망한 뒤에 한 친구가 그의 유고를 정리하다 이 공식을 발견했다. 그 친구는 이 공식을 통해 신의 존재를 논증할 수 있으리라 생각하고는 세상에 발표했다. 그러나 베이즈와 그의 공식은 곧 잊혔다. 그러다가 21세기 초에 신경과학자들이 뇌에 대해 점점 더 많은 것을 이해하게 되고, 정보학자들이 점점 더 성능 좋은 컴퓨터를 프로그래밍하게 되면서 비로소 학자들은 이 영국 목사의 공식이 의미하는 바를 깨닫게 되었다. 베이즈의 공식이 지각과 사고가 어떻게 기능하는지를 설명해준다는 사실을 말이다.

베이즈 정리는 이성에 대한 지금까지의 설명을 뒤집어놓았다. 베이즈 정리에 따르면 모든 인식의 시작에는 감각적 인상이 아니라 선입견이 있다. 우리는 선입견으로부터 상상을 만들어낸다. 상상이 곧 가설이다. 감각기관은 이제야 비로소 작동한다. 그러나 눈과 귀가 제공하는 정보는 상상을 강화하거나 보완하거나 반박하는 역할을 할 뿐이다. 감각에 의해 상상이 확인되면, 우리는 그것을 현실로 여긴다. 상상이 확인되지 않아도 나쁠 것 없다. 그 가설은 통하지 않는다는 것을 알게 되었으니 그만큼 더 똑똑해진 셈이고 이를 토대로 새로운 상상을 지어내면 된다.

베이즈 정리에 주목하기 전까지는 참이냐 거짓이냐만 존재했다. 가설은 들어맞거나, 아니면 틀린 것으로 판명되었다. 틀린 것은 곧 무가치한 것이었다. 그러나 베이즈 정리는 나중에 잘못된 것으로 판명된다 해도 불확실한 믿음이 얼마나 유용할 수 있는지를 보여주었다. 인식은 단순히 어떤 사실이 아니라 과정이기 때문이다.

그러므로 지각과 사고는 늘 선입견을 배경으로 일어난다. 그 선입견은 달이 우리에게서 일정한 거리를 두고 하늘에 떠 있다고 말하며, 서로 다른 거리에 있는 당신의 두 손이 같은 크기라고 말한다. 동물원 우리의 덤불 속에 숨어 있는 명확하지 않은 얼룩 패턴이 표범의 등이라고 말하며, 통화 품질이 나쁜 휴대전화 너머에서 자꾸 지지직거리며 끊기는 목소리가 여자 친구의 목소리라고 말한다. 또한 레스토랑의 소믈리에가 추천해준 보르도 와인이

미각의 향연을 경험하게 해줄 거라고 말한다. 이런 선입견들이 대략 맞아떨어진다면 당신은 저녁 하늘에 쟁반같이 떠오르는 주황빛 보름달을 보게 될 것이고, 양손이 같은 크기로 보일 것이며, 표범을 분간해낼 것이고, 여자 친구의 목소리를 듣게 될 것이다. 와인에서 소믈리에가 약속한, 강하지 않고 섬세한 타닌감과 구스베리 및 감초의 향을 느낄 수도 있을 것이다.

사실 이 모든 경험은 상상력 덕분에 가능하다. 동물원의 먼 덤불 사이에서 우리의 눈은 움직이는 몇몇 밝은 얼룩만 포착한다. 왼손의 상은 망막에서 오른손의 두 배에 해당하는 면적을 차지한다. 휴대전화에 바짝 가져다 댄 귀에는 음향 '샐러드'가 들린다. 안대를 한 상태에서는 대부분의 사람이 레드와인과 화이트와인조차 잘 구분하지 못한다.

영국의 인지심리학자 크리스 프리스Chris Frith는 "세상에 대한 우리의 지각은 현실과 맞아떨어지는 상상"이라고 했다. 이 문장을 '종종 현실과 놀랍게도 맞아떨어지는 상상'이라고 보충해야 할 것이다. 우선 뇌는 감각이 제공하지 않는 데이터를 보충해서 우리가 맹점을 느끼지 않고 평생 살 수 있게 해준다. 또 한 가지 주목해야 할 것은 눈과 귀가 만들어내기는 하지만 그냥 없어져버리는 정보가 훨씬 많다는 것이다. 그 정보들을 모두 처리하는 것은 너무 낭비이기 때문이다. 가령 눈은 1초당 약 1000만 비트의 정보를 뇌로 전달한다. 이것은 700페이지짜리 책에 담긴 정보량에 맞먹는다.[9] 하지만 그중 100비트만 의식에 다다른다. 100비트는 단어 두 개 정도에 해당하는 양이다. 그 밖의 모든 정보는 눈에서 뇌로 전달되는 동안 걸러진다. 그렇게 남은 정보는 너무 적어서 주변에서 방금 무슨 일이 일어났는지 알려주지 못한다.

그런데 당신은 1초에 두 단어 이상을 읽을 것이다. 당신의 뇌가 철자를 일일이 포착하지 않는 덕분에 가능한 일이다. 숙련된 독자는 단어의 첫 글자와 마지막 글자 또는 대략적인 윤곽만 보고도 단박에 단어를 이해한다. 그럼에도 글을 읽을 때 철자 하나하나가 눈에 들어오는 것처럼 여겨진다면, 그것은 맹점을 채우듯이 뇌가 부족한 정보를 자동적으로 보충하기 때문이다.[10]

따라서 당신은 눈이 알려주는 것보다 더 많은 것을 본다. 보는 가운데 세상을 만들어내기 때문이다. 당신이 경험하는 세상의 모습은 당신의 지식, 기억, 추측에서 생겨난다. 눈은 상상의 감독관 역할만 할 뿐이다. 눈은 당신의 상상이 현실과 너무 동떨어지지 않게 한다.

그래서 지평선 위로 쟁반처럼 크게 떠오르는 보름달이나 서로 같은 크기의 테이블이 서로 달라 보이는 그림을 착시 현상이라고 부르는 것은 맞지 않다. 사실은 모든 지각이 착시이기 때문이다. 우리가 보는 것은 이미지가 아니라 현실에 대한 상징적 묘사다. 이른바 착시 현상이 우리가 일상적으로 보는 것보다 진실에 더 가깝다. 착시 현상은 우리 눈에 보이는 외부 세계가 사실은 상상의 모습이라는 것을 우리에게 알려준다.

상상은 어떻게 만들어질까

스웨덴의 뇌과학자 다비드 잉바르David Ingvar는 상상이 '미래에 대한 기억'이라고 했다. 뇌는 예측하는 기계이기 때문이다. 뇌는 우리가 이미 알고 있는 것으로부터 추측을 만들어낸다. 그렇다면 지각과 창조적 사고의 토대가 되는 이런 상상은 어떻게 만들어질까?

우리는 규칙에 따라 상상을 만들어내고, 대부분의 규칙은 자연이 우리에게 부여해준 것들이다. 1955년 이탈리아 예술가이자 심리학자 가에타노 카니자Gaetano Kanisza가 공개한 그림이 바로 그런 규칙에 근거한 것이다. 그림 10은 지금은 유명해진 카니자의 삼각형이다. 이 그림에서 밑변을 위로 하고 거꾸로 서 있는 흰색 삼각형이 보일 것이다. 검은색 원에 그 삼각형의 모서리가 드러나 있다. 그러나 사실 이런 삼각형은 존재하지 않는다. 삼각형이 있는 것처럼 보이는 것은 뇌가 중간에 끊기는 윤곽을 보충하기 때문이다. 즉 선을 보고 대상을 상상하기 때문이다. 이런 상상력은 붉은털원숭이에게서도 확인되었으므로, 선천적으로 타고난 것으로 보인다.[11]

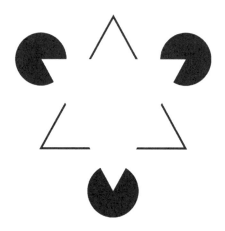

그림 10 카니자 삼각형

　　하지만 규칙이 어떻게 작용하는지에는 문화가 영향을 미친다. 이미 3장에서 살펴보았듯이 각각의 문화는 서로 다른 개념을 제공한다. 독일인이 Buchstaben(독일어로 철자라는 뜻 – 옮긴이)이라는 단어를 볼 때는 단어에 그림자만 표시되어 있어도 곧장 윤곽을 가늠할 수 있다. 반면 한국어 그림자를 볼 때는 그렇지 못할 것이다. 첫 번째 경우에는 눈에 제공되는 데이터에 적용할 수 있는 개념이 이미 머릿속에 들어 있기 때문이고, 두 번째 경우에는 한국어에 능숙한 사람이 아닌 이상 그런 개념이 없기 때문이다.

　　이렇듯 문화는 아주 기본적인 지각조차 좌지우지하곤 한다. 색깔과 색조에 대한 경험도 우리가 어떤 언어를 쓰느냐에 따라 달라진다. 3장에서 우리는 같은 파란 계열의 색이라도 러시아인

136　｜　창조적 사고의 놀라운 역사

이 독일인이나 프랑스인보다 더 다양한 색조를 구별할 수 있는 이유를 살펴봤다. 서구 문화권에는 절대음감을 가진 사람이 1만 명 중 한 명꼴이지만, 중국에는 그 비율이 더 높다. 성조에 따라 단어의 의미가 달라지는 중국어 덕분에 음악적 지각 능력이 촉진되기 때문이다. 이것은 유전적인 요인과는 무관하다. 가정에서도 영어를 사용하는 중국계 미국인의 경우 바로 다음 세대부터 그런 섬세한 듣기 능력이 사라지기 때문이다.[12]

따라서 지각은 한편으로는 타고난 규칙에, 한편으로는 문화적 개념에 복종한다. 문화적 개념들은 상상을 구성하는 레고 블록이라 할 수 있다. 파란색의 다양한 색조는 알파벳 철자와 마찬가지로 기본 개념에 속한다. 시각적 개념이 있듯이, 음절, 악기 소리, 동물 소리 같은 청각적 개념도 있다. 우리는 우리가 가진 개념 밖의 감각적 인상은 처리하지 못한다. 대부분은 그것들을 지각조차 하지 못한다. 눈과 귀는 이런 차이를 즉석에서 비춰주거나 들려주는데도 말이다.

색이나 음보다 더 복잡한 것은 어떤 대상에 대한 개념이다. 얼굴을 예로 들어보자. 머리의 한쪽 면에는 머리카락이 없다. 중심축을 따라 털복숭이 애벌레 형태로 불룩한 부분이 있고, 그 아래에는 둥근 구멍 두 개가 있다. 그리고 두 구멍 옆에 두 개의 불그레한 광대가 튀어나와 있다. 뿌리처럼 생긴 코 양옆으로는 하얀 바탕에 분홍색으로 동그라미 두 개(볼터치!)가 그려져 있다. 우리는 이런 구조를 '얼굴'이라 칭한다. 이런 개념을 통해 우리는 아직 한 번도 보지 못한 얼굴을 상상할 수 있다. 외눈박이거나, 눈이 없거나, 코가 뭉개진 얼굴도 상상할 수 있다. 그러나 눈이 입 아래에 있는 인간의 얼굴은 떠올리지 못한다.

대상의 개념 자체도 규칙을 따르기 때문이다. '얼굴'이라는 개념의 규칙은 눈, 코, 입이 일정하게 배열되어 있어야 한다는 것이다. 이런 규칙의 틀 안에 있는 것만을 우리는 얼굴로 상상할 수 있다. 여러 가지로 미루어, 사람이 얼굴을 분간하고 생각할 수 있는 규칙은 타고난 것으로 보인다. '집'이라는 개념의 규칙은 땅 위에 구조물이 있고, 그 안에 내부 공간이 있어야 한다는 것이다. 우리가 집을 생각하거나 집이 등장하는 꿈을 꾸는 경우에도 이런 규칙을 따른다. 그러나 이런 규칙은 우리가 선천적으로 타고나는 것이 아니라 후천적으로 학습한 것이다.

이렇듯 개념과 규칙이 합쳐져서 가능성을 만들어낸다. 이것이 이성이 활동하는 정신적 지형landscape이다. 가능성은 우리가 상상할 수 있는 모든 것을 포괄한다. 가능성 밖에 놓인 것은 상상에 접근하지 못하고, 따라서 지각에도 접근하지 못한다. 창조적 사고는 가능성을 탐색하고 확장하는 것을 의미한다. 다음 장들에서는 이 일이 정확히 어떻게 이루어지는지 살펴보려고 한다.

그림 11은 앞에 나왔던 수수께끼의 답을 보여준다. 몇 개의 선이 눈, 코, 입의 표상을 일깨우자마자 단박에 수염 난 얼굴이 보

• **그림 11** 여기에 그려놓은 윤곽에 익숙해지면, 130페이지의 그림을 볼 때마다 즉각 수염 난 남자의 얼굴이 보일 것이다.

인다. 이제부터 당신은 이 그림을 볼 때마다 긴 머리에 눈두덩이 깊이 팬 젊은이의 모습이 한눈에 들어올 것이다. 그 모습을 지우려 해도 잘되지 않을 것이다.

앞서 아무리 자세히 관찰해도 이 그림에 숨은 형상을 분간하지 못했던 것은 올바른 가설이 없었기 때문이다. 한국어를 모르는 사람이 앞의 '그림자'라는 글자를 아무리 들여다봐도 그 어떤 형태도 분간하지 못하는 것과 마찬가지다. 하지만 결정적인 힌트를 얻으면, 금방 적절한 상상이 만들어진다. 지각의 가능성이 확장된 순간 얼굴이 보인다. 이 그림을 연구 대상으로 삼았던 이스라엘의 뇌과학자 메라브 아히사르Merav Ahissar와 그의 동료 샤울

호치스테인Shaul Hochstein은 문제가 이렇게 갑작스럽게 풀리는 것을 '유레카 효과(아하 효과)'라 불렀다.[13]

오래 고심하던 문제를 해결해본 사람이라면 그런 순간이 얼마나 기쁜지를 안다. 몇 날 며칠, 때로는 몇 달, 심지어 몇 년을 아무리 애써도 전혀 진전이 없고, 콘크리트 벽에 가로막힌 듯한 기분이었는데, 갑자기 답이 떡하니 등장한다. 이런 순간에 사람들은 영감을 불러일으키는 신비한 힘에 사로잡힌 듯한 기분이 든다. 기적이 아니고서는 설명하기 힘들다는 느낌이 든다.

하지만 기발한 아이디어는 가능성의 변화에서 나온다. 보통은 현상을 지각하고 가설을 세우게 하는 무의식적인, 그러나 꽤나 유능한 이성의 기본 값이 확장되기 때문이다. 인간의 정신이 예측의 원리를 토대로 작동한다는 인식이 비로소 유레카 효과를 설명해준다. 그때까지 변함 없는 현실로 생각되었던 것이 사라지고, 이제 대안이 등장한다. 갑자기 생각할 수 없었던 것을 생각할 수 있게 된다.

6장

아르키메데스의
머릿속

나는 찾지 않는다. 나는 발견한다.

– 파블로 피카소

발견과 관련된 최초의 이야기는 기원전 250년 그리스 식민지였던 시칠리아 시라쿠사에 소재한 어느 목욕탕을 무대로 한다. 당시 시라쿠사의 왕은 쿠데타를 일으켜서 이전 정부를 몰아낸 용병 대장 출신의 히에론이었다. 히에론 왕은 불멸의 신들에게 봉헌할 황금 왕관을 주문 제작했다. 그는 이 왕관이 그의 권력을 정당화해줄 거라고 생각했다. 하지만 완성된 왕관을 보고는 진짜 순금으로 제작되었는지 의심이 솟아났다. 금세공사가 금의 일부를 가로채고 은을 섞었을지도 몰랐다. 금세공사가 정말로 왕을 속였다면, 왕관을 손상시키지 않은 채 속임수를 폭로할 방법이 없을까? 히에론 왕은 노심초사하다가 유명한 학자를 궁으로 불러들였다. 그의 이름은 바로 아르키메데스. 그러나 왕의 말을 들은 아르키메데스 역시 이리저리 생각을 해보았지만 묘안이 떠오르지 않았다. 그리하여 그는 일단 고심을 멈추고 휴식을 취하기 위해 시설 좋은 목욕탕으로 향했다.

로마의 건축가이자 작가인 비트루비우스가 전하는 대로 아르키메데스가 욕조에 몸을 담가 물이 넘치던 순간에 기발한 아이디어가 떠올랐는지는 확실하지 않다. 고대의 다른 문헌에 따르면 아르키메데스는 따뜻한 목욕물 속에서 한동안 휴식을 취하다가 부력으로 인해 팔다리가 평소보다 가벼워진 것을 느꼈다고 한다. 어쨌든 아르키메데스는 물에 잠긴 몸의 부피와 그로 인해 밀려난 물의 부피가 정확히 일치한다는 것을 깨달았고 히에론이 부탁한 문제는 그 순간 단번에 풀렸다.

물을 가득 채운 용기에 금관을 담가 흘러넘친 물의 양을 재고, 금관과 같은 무게의 금덩어리도 물에 담가 흘러넘친 물의 양을 잰다. 그리고 두 물의 양을 비교해본다. 금관에 은이 섞여 있다면 은이 밀도가 더 낮고 부피가 더 크므로, 금덩어리를 담갔을 때보다 많은 양의 물이 흘러넘칠 것이다. "유레카!" 알아냈어, 알아냈다고! 아르키메데스는 너무나 기쁜 나머지 벌거벗은 채로 연신 "유레카!"를 외치며 집으로 내달렸다고 한다.

그렇게 아르키메데스는 발견자로서 인류 역사상 최초로 유명세를 탔다. 그때까지 창조적인 사람들은 그다지 명성을 누리지 못했다. '앗, 몇천 년째 선지자, 왕, 장군, 고위 관리들만 추앙받고, 학자와 예술가들은 전혀 이름을 날리지 못했군그래!' 고대의 역사서술가들은 마치 이렇게 생각하고 그동안의 부당함을 만회하려는 듯, 아르키메데스의 업적을 요란하게 보고했다. 키케로 또한 아르키메데스가 세상을 떠난 지 150년 후에 그가 만든 플라네타리움planetarium(천체의 운행을 나타내는 기계 – 옮긴이)을 보고 "아르키메데스는 거의 초인이라 할 만한 위대한 지성"임에 틀림없다는 결론을 내렸다.[1] 아르키메데스의 빛나는 자신감은 지금까지도 회자된다. 아르키메데스는 왕 앞에서 "내게 아주 긴 지렛대와 그 지렛대를 지탱할 받침대를 주면, 지구를 들어 보이겠다"고 장담했다고 한다.

실제로 아르키메데스는 지렛대 원리를 이용해 작은 힘으로 얼마나 엄청난 무게를 들어 올릴 수 있는지를 자신의 저술에 기술했고, 히에론 왕은 증명을 요구했다. 지렛대 원리를 이용해 가득 선적한 군함을 해변으로 끌어낼 수 있겠느냐는 것이었다. 원래 이런 일은 장정 100명을 동원해야 하는 작업이었다. 로마의 역사가 플루타르코스는 아르키메데스가 도르래를 이용해 이 시험을 가뿐히 통과했다고 다음과 같이 기록한다. "그는 한 손으로 배를 부드럽게 끌어당겼고, 배는 마치 바다 위를 미끄러지듯 움직였다.”

이후 로마 함대가 항구 도시 시라쿠사를 포위하자 아르키메데스는 거대한 기중기를 만들어 로마군의 배를 공중으로 높이 들어 올렸다가 다시 물속으로 빠뜨렸다고 한다. 그리고 청동거울로 햇빛을 모아 적군의 배를 불태우기도 했다고 전해진다.

유레카 효과의 비밀

당대 역사가들은 아르키메데스가 또 하나의 프로메테우스인 것처럼 기록했다. 그들은 아르키메데스가 보여준 결과에 감탄했지만 그의 아이디어가 어디서 오는지를 오인했다. 좋은 착상이 오랜 시행착오 끝에 결실을 맺었고, 창조적인 사람은 모두 이런 과정을 거친다는 사실을 간과했던 것이다. 그리고 그들은 무엇보다 집단적 뇌의 역할을 간과했다. 아르키메데스가 아무리 독창적이고 명민하고 다재다능했을지라도 그의 모든 숙고에는 그보다 먼저 세상에 왔다 간, 1000세대 이상의 선배들이 쌓아올린 작업이 녹아들어 있었다는 사실을 말이다.

이런 사전 작업은 아르키메데스가 태어나기 최소 5만 년 전 사람들이 상징을 도구로 생각하기 시작했을 때부터 이루어졌다. 처음에 나무에 문양을 새기고, 바위벽에 그림을 그리고, 좀 더 나아가 석판에 문자와 그림을 새기고, 훗날 문화가 발달한 뒤에는 파피루스에 붓으로 문자를 쓰면서, 사람들은 정보를 자신의 뇌 밖에서 다루고 축적했다. 아르키메데스보다 1500년 앞선 시대에 우주의 모습을 묘사한 네브라 하늘 원반은 이런 지적 진보의 놀라운 산물이었다. 독일의 외딴 숲에서 살아가던 문맹인들조차도 추상적 사고에 익숙했던 것이다. 보다 발전한 지중해와 동양의 사회에서는 석기시대의 그림과 무늬로부터 그림문자와 설형문자가 생겨났고, 훗날 글자가 탄생했다.

아르키메데스는 지식이 막 폭발하던 사회에 살았다. 젊은 시절 그는 막 개관하여 이미 세계적으로 유명세를 떨치던 알렉산드리아 도서관에서 공부했다. 어떤 연대기 저자는 이 도서관에 50만 권의 파피루스 두루마리가 있었다고 보고했고, 어떤 연대기 저자는 5만 권의 파피루스 두루마리가 있었다고 기록했다. 하지만 설사 5만 권이라 해도 고대에 수집한 장서치고는 엄청난 규모가 아닐 수 없다. 이토록 많은 정보가 모이고, 기록되고, 체계적으로 분류된 것은 역사상 유례가 없던 일이었다. 과학과 문학 분야의 저서를 분류해놓은 색인만 해도 두루마리 120개 분량이었다고 하니, 알렉산드리아 도서관은 가히 고대의 집단적 뇌를 구현해놓은 장소였다.

젊은 시절 아르키메데스는 알렉산드리아에서 당대의 비중 있는 천문학자, 수학자 등과 교류했다. 평생 동료들과 편지를 교환하고 도서관에 축적된 지식을 접한 것이 그의 아이디어에 토대가 되어주었다. 무엇보다 동료 학자들과 저서들은 아르키메데스에게 생각의 방법을 가르쳐주었다. 이를 통해 아르키메데스는 가능성의 지평을, 즉 창조성이 발현되는 정신적 풍경을 확장할 수 있었다.

아르키메데스의 발견은 고도의 추상 능력을 갖추지 않고는 불가능했다. 네브라 하늘 원반을 만든 사람들도 이미 놀라울 정도로 추상적 사고 능력을 갖추고 있었지만 그보다 1500년 뒤에 도시의 고급 문화를 접하며 살았던 아르키메데스는 그들을 훨씬 능가했다. 감각적 경험만 신뢰했다면, 짐을 가득 실은 배를 한 사람의 힘만으로 끌어낼 수 있다고는 꿈에도 생각하지 못했을 것이다. 하중에 대한 저항의 방향을 바꾸고 분산시켜주는 도르래의 추상적 힘을 감안하는 사람만이 이런 가능성을 볼 수 있다. 다년간 수학 훈련으로 다져진 아르키메데스는 눈에 보이는 것을 넘어선 추상적 사고에 능했다.

금세공사의 사기 행각을 밝혀냈던 번뜩이는 그의 아이디어를 한번 생각해보자. 이 아이디어는 '부피' 개념을 상상할 수 있었기에 가능했다. 형태나 특성과는 무관하게 모든 대상에 적용할 수 있는 '1리터'와 같은 추상적 단위는 오늘날의 우리에게 상당히 당연하게 다가오지만 사실 그렇게 당연한 개념이 아니다. 우리는 부피 개념을 어린 시절부터 배워서 나지막한 수프 그릇과 날렵하게 생긴 칵테일 잔에 동일한 양의 액체가 담길 수 있다는 사실을 잘 안다. 하지만 호주와 뉴기니에서 진행된 현장 연구들에 따르면 부피 개념이 존재하지 않는 문화에서 자란 사람은 이를 이해하지 못한다. 학교교육을 받은 적이 없는 부족은 어떻게 물이 가득 담긴 좁은 유리컵보다 물이 바닥에만 깔려 있는 넓은 그릇에 더 많은 물이 들어 있다는 것인지 이해하지 못한다.[2] 고대에 교육을 받지 않고 날품팔이로 먹고살던 사람들도 마찬가지였을 것이다. 그러므로 아르키메데스의 발견은 그가 속한 문화가 그에게 올바른 생각의 도구들을 제공해준 덕분에 탄생한 것이었다.

고도로 발달한 고대 문명은 점점 더 양질의 정신적 연장들을 제공해주었다. 덕분에 점점 더 짧은 시간 간격을 두고 획기적인 발명이 이루어졌다. 조각가와 화가는 유례없이 생생하게 인체를 묘사했고, 작가는 희곡으로 관객을 사로잡았다. 철학자는 세계와 자신들의 사고를 체계적으로 설명해냈고, 법률가는 법률을, 엔지니어는 최초의 기계를 만들었다. 의사는 더 좋은 치료법을 개발했고, 수학자는 정리를 증명해냈으며, 천문학자는 천체의 궤도를 계산했다.

그리고 역사상 최초로 사람들은 그들의 정신이 어떻게 이 모든 도약을 해냈는지 의문을 제기했다. 창조적 사고에 대해 생각하기 시작한 것은 두 가지 이유 때문이었을 것이다. 한편으로는 문화의 급속한 발달이 설명을 요구했고, 다른 한편으로는 이성을 더욱 유용하게 활용해야 한다는 필요성이 대두되었다. 아무리 다양하고 탁월한 정신적 연장을 구비하고 있어도 그것을 활용할 줄 모르면 별로 쓸모가 없을 것이기 때문이다.

그렇다면 아이디어를 개진할 때, 우리 안에서 무슨 일이 일어나는 것일까? 어떻게 유레카 경험에 이르게 되는 것일까? 어떻게 상상력에 날개를 달아줄 수 있을까?

창조성의 수수께끼를 다룬 가장 오래된 글은 철학자 플라톤의 것이다. 플라톤은 자세한 묘사는 하지 않았지만, 아르키메데스가 욕조에서 부력의 원리를 깨닫기 200년쯤 전에 이와 비슷한 경험에 대해 썼다. 플라톤은 어떤 주제에 대해 오랫동안 고심한 끝에 올바른 이론이 "불꽃으로부터 불이 확 점화되듯, 정신으로부터 갑자기 튀어나왔다"고 적었다.[3] 플라톤은 이런 영감을 신적 감화로밖에 설명할 수 없었다. 물론 그는 인간의 걸출한 업적이 그들에게 불을 가져다준 프로메테우스와 같은 초자연적인 존재들에게서 기인한다고 설명하는 신화들을 알고 있었다. 하지만 플라톤은 한 가지 결정적인 점에서 이런 설명과 거리를 두었다. 플라톤은 신들이 자기들 하고 싶은 대로 하는 것이 아니라 인간이 창조성을 발휘하도록 자극한다고 보았다. 플라톤이 보기에, 번뜩이는 착상은 더 이상 하늘에서 떨어지는 것이 아니라 인간의 정신에서 생겨나는 것이었다.

이후 2000년이 지나도록 창조적 사고에 대한 플라톤의 생각에 아무도 반기를 들지 못했다. 어떻게 좋은 착상에 이르게 되는가라는 물음은 일단락된 것처럼 여겨졌다. 그러다가 근대에 들어 인간의 지적 능력이 다시 한번 강화되었을 때 이런 물음이 비로소 다시 제기되었다(당시 지적 능력의 지평이 얼마나 극적으로 확장되었는지는 다음 두 장에서 살펴볼 것이다). 18세기 들어 창작 활동이 마치 저절로 이루어지는 것처럼 설명하는 진술이 늘어났다. 볼프강 아마데우스 모차르트의 작품도 노력에서 비롯되었다기보다는 그저 한가로이 빈둥대는 가운데 탄생한 것처럼 묘사되었다. 모차르트가 음악에 대한 아이디어를 발견한 것이 아니라 그저 이성이 자유롭게 춤추게 함으로써 음악이 그를 발견한 것이라고 말이다. 모차르트는 이렇게 말했다고 한다. "마차 여행을 하거나 배부르게 먹고 산책에 나설 때처럼 자신에게 잘 해주고 기분이 좋을 때, 혹은 잠이 오지 않는 밤에 생각이 물밀듯 밀려와. 그럴 때 생각이 가장 잘 떠오르지. 이런 생각이 어디서, 어떻게 오는 것인지는 모르겠어. 내가 그에 대해 할 수 있는 일이 없거든." 하지만 모차르트가 정말로 그렇게 말했을까? 이 말은 자주 인용되지만 모차르트가 한 말이 아닐 가능성이 높다. 정말 모차르트가 썼는지, 진위가 불분명한 편지에 나오는 구절이기 때문이다.[4]

반면 1805년 9월 3일 칼 프리드리히 가우스가 친구인 브레멘의 천문학자 빌헬름 올베르스Wilhelm Olbers에게 보낸 편지는 의심할 여지없이 가우스가 쓴 것이다. 그 편지에서 가우스는 자신이 오랫동안 붙잡고 있던 정수론의 문제 하나가 갑자기 예기치 않게 해결된 일에 대해 말한다. "4년 전부터 이 문제를 해결하기 위해 이런저런 시도를 다 해보았지만, 허사였어. 이 문제를 건드리지 않은 주가 거의 없을 정도로 골몰했었지. (……) 하지만 아무리 애를 쓰고 노력해도 헛수고였어. 매번 슬프게 펜을 내려놓아야 했지. 그런데 며칠 전에 드디어 문제를 해결했어. (……) 마치 번개가 치듯, 단번에 수수께끼가 풀렸지 뭐야. 이미 알고 있었던 것과 해결을 가능하게 한 것이 서로 어떻게 연결되는지 증명할 수는 없을 것 같아."

이런 경험이 가우스에게 얼마나 행복한 동시에 당황스러운 것이었을까. 가우스는 그토록 오랫동안 문제를 해결하기 위해 골머리를 싸맸다. 수학자로서 그는 한 걸음 한 걸음, 작은 단계를 밟으며 생각하는 것에 익숙했다. 이런 각각의 걸음은 확실한 논리의 잣대로 설명할 수 있었다. 그런데 이제 그는 자신의 이성이 훌쩍 뜀뛰기를 했음을, 중간 단계를 건너뛰다시피 하여 곧장 수수께끼의 답에 도달했음을 알아차렸다. 그 결과는 마치 기적처럼 논리에 부합했다. 하지만 자신이 어떤 과정을 거쳐 그런 통찰에 이르렀는지는 도저히 설명할 수 없었다. 긴 여행에서 누군가 그의 눈을 가리기라도 한 것 같았다. 가우스는 전 시대를 통틀어 가장 영향력 있는 수학자였지만, 그의 이성이 어떻게 그를 유명하게 만든 아이디어를 내놓았는지는 전혀 가늠할 수 없었다. 그것을 가늠하기에는 때가 아직 무르익지 않았던 것이다.

창조적 과정의 네 단계

직관적 인식의 비밀을 슬쩍 엿보기 위해서는 200년을 더 기다려야 했다. 모차르트와 가우스 같은 사람들이 묘사했던 것보다 더 자세하고 정확하게 유레카 경험을 증언하는 보고들이 줄줄이 나왔고, 이런 보고를 통해 처음으로 창조성의 비밀을 들출 수 있게 되었다. 어떻게 창조성은 무의식중에 복잡한 문제를 해결하는 것일까? 이 메커니즘을 정확히 관찰한 것은 프랑스의 앙리 푸앵카레Henri Poincaré(아인슈타인의 상대성이론에 결정적으로 기여했다) 같은 걸출한 수학자들이다. 논리에 민감한 수학자들이 다른 학자들이나 예술가들보다 자신의 사고가 무의식적인 과정에 얼마나 많이 좌우되는지를 더 강하게 느꼈기 때문인 듯하다.[5]

이런 관찰들에서 창조적 과정은 대개 4단계로 구성된다. 1단계에서는 논리적 과정을 거쳐 해결책을 찾기를 희망하며 해당 주제에 열심히 몰두한다. 하지만 모든 숙고는 막다른 골목에 이르고, 몇 번이나 헛된 도움닫기를 시도한 끝에 이성은 백기를 든다. 문제 해결을 위해 애쓰던 사람은 실패를 자각한다. 이 순간 그는 자신이 반드시 필요한 준비prepare 시간을 거쳤을 뿐이고, 창조적 사고가 자기 앞에 놓여 있다는 사실을 알지 못한다.

2단계는 알을 품듯 문제를 품고 부화incubation시키는 단계다. 당사자는 더는 의식적으로 문제에 골몰하지 않는다. 해결 가망이 없어 보이기 때문이다. 하지만 준비 과정에서 기억된 내용이 무의식 속에서 계속 작동한다. 종종 이런 제어되지 않는 두뇌 활동이 꿈에서 나타나기도 한다. 밤에 해결되지 않은 문제를 기억나게 하는 이미지와 생각의 파편들이 떠오르지만, 이로부터 어떤 의미도 유추되지는 않는다.

2단계에서 전혀, 혹은 거의 의식되지 않았던 정신적 과정의 결과가 3단계에서 눈앞에 드러난다. 이른바 조망illumination의 단계. 뇌과학에 따르면 칼 프리드리히 가우스가 번개가 친 것에 비유한 유레카 경험은 객관적으로도 증명된다. 이런 '조망'이 비정상적인 뇌파 증가로 나타나기 때문이다. 이를 오른쪽 뒷머리, 귀 윗부분에서 감지할 수 있다.[6] 놀랍게도 이런 신호는 당사자가 자신의 통찰을 지각하기 약 2초 전에 나타난다. 주의력을 조절하는 우측 뒷머리의 뇌 영역이 활성화되면서 벌어지는 일인 듯하다. 이 영역이 주의력을 주변으로부터 내면에 있는 상상의 세계로 향하게 하면서 아이디어에 무대를 마련해준다.

조망이 찾아오면 굉장히 기쁘다. 하지만 처음에는 이 생각이 틀린 것일지도 모른다는 불안감이 공존한다. 언뜻 아주 기발해 보이는 많은 착상이 곧 적절치 않은 것으로 밝혀지기 때문이다.

더 자세히 살펴보면, 그것이 문제 해결에 부적합하다는 점이 드러나는 것이다.

그래서 창조적 과정의 마지막 4단계인 검증verification이 이루어진다. 논리적 사고가 다시 활발하게 작동하여, 그 아이디어가 설득력이 있고 쓸 만한 것인지 확인하는 단계다. 좋은 아이디어로 판명되면 이제 정말로 발견에 대한 행복감이 밀려든다. 이런 일은 삶에서 가장 아름다운 경험에 속한다.

모든 위대한 발견에는 수년, 때로는 수십 년에 걸친 소소한 작업들이 선행된다. 그렇기에 위대한 발견은 그리 자주 이루어지지 않는다. 준비에 걸리는 세월은 그 자체로 발견하는 시간이다. 이 시간에 가능성이 탐색되고, 문제에 대한 정확한 이해가 이루어지며, 문제를 다룰 능력도 습득된다. 대개는 중간에 문제 자체도 바뀐다. 창조적 과정은 러시아 인형 마트료시카와 비슷하다. 마트료시카는 배 속에 자신과 똑같은 모양의 작은 인형을 담고 있다. 그렇게 여러 개의 인형이 마트료시카를 구성한다. 대답을 찾지 못한 커다란 문제도 자세히 살펴보면 먼저 답해야 하는 작은 문제들을 안고 있다. 그리고 그 작은 문제를 해결하는 과정에서 또다시 답해야 하는 문제가 눈에 들어온다. 문제가 문제를 낳는 것이다.

따라서 각각의 커다란 창조적 과정은 소규모의 무수한 창조적 과정으로 구성된다. 작은 창조의 과정 역시 각각 준비, 부화,

조망, 검증이라는 4단계로 이루어지고, 각각의 과정을 거칠 때마다 작은 발견의 기쁨을 맛볼 수 있다. 장기간 창조적 활동을 할 수 있는 것은 바로 이 덕분이다(아주 기나긴 길의 끝에서 주어질지 주어지지 않을지 모르는 성공 하나만 바라보고 가야 한다면, 누가 지난한 세월을 소설 하나에 혹은 영화 하나에 몰두할 수 있겠는가? 그런 상황에서 누가 오랜 연구의 시행착오를 감수하겠는가?).

그리하여 창조적 과정은 감정의 냉탕과 온탕을 번갈아 넘나드는 과정이다. 다른 한편으로는 새로운 하위 문제에 대한 준비, 부화, 조망, 검증을 거듭 통과하면서 이성은 논리가 지배하는 단계와 무의식이 지배하는 단계를 계속 오간다. 정신은 이들 단계를 추처럼 왔다 갔다 한다. 종종 창조성은 직관에서 나온다고 주장하지만 사실은 그렇지 않다. 창조성은 직관을 훨씬 넘어선다.

뇌가 협업하는 방법

21세기 초에 이루어진 놀라운 과학적 발견 중 하나는 인간의 뇌가 깨어 있을 때 한 가지 작동 모드가 아니라 두 가지 작동 모드를 갖는다는 인식이다.[7] 이 두 상태의 협업이 비로소 창조적 과정을 설명해준다.

그중 한 가지는 익히 알려져 있듯이 합리적 사고를 하는 상태다. 이 상태를 모드 2라고 부른다. 모드 2일 때 뇌는 주변의 신호를 받아들이고, 계획을 세우고, 다음 행동을 계획하고, 유기체에 명령을 내린다. 이 과정은 의식적이고 논리적으로 보인다. 생각은 목표 지향적이고, 논리적으로 진행되며, 이해 가능한 규칙을 따르고, 천천히 작은 걸음으로 나아간다. 주의력은 헤드라이트의 상향등처럼 한 곳에 집중된다. 거의 모든 관심이 좁은 대상에 모아지고, 나머지 주변은 어둠 속에 놓인다. 이때 일깨워지는 기억은 그것을 불러낸 자극과 밀접한 관련이 있다. 현재 이성이 모드 2 상태인지는 쉽게 테스트할 수 있다. 모드 2일 때는 제시된 키워드에 대해 그다지 놀랍지 않은 연상이 떠오른다. 가령 '흰색'이라는 키워드를 제시하면 실험참가자가 '우유' 혹은 '눈'이라고 말하는 식이다. 사고는 좁은 길에 머무른다. 모드 2는 신뢰성과 예측 가능성을 지향하기 때문이다.

반면 모드 1은 꿈과 훨씬 더 비슷하다. 모드 1 상태에서는 감각적 지각이 훨씬 제한되거나 완전히 꺼진다. 주의는 상상과 백일몽, 기억과 생각의 파편으로 이루어진 내면 세계로 옮겨간다. 이때 논리적 일관성은 중요하지 않다. 이성은 특정한 목표로 나아가지 않고, 이리저리 구불구불 왔다 갔다 한다. 주의력은 넓게 비추는 전조등같이 너른 정신적 풍경을 비추지만 어떤 대상도 특별히 부각시키지 않는다. 자극이 주어지면 때로 빛바랜 기억에서 지난 인생의 한 대목이 소환되기도 한다. 수십 년 전 어린 시절에 부모님이 흰색 폭스바겐 비틀을 몰고 다녔던 사람은 모드 1 상태일 때 '흰색'이라는 키워드에 '딱정벌레'를 떠올릴 수 있다.

모드 1 상태일 때는 말보다 이미지와 감정이 생각의 내용이 된다. 알베르트 아인슈타인은 이런 상태에서 어떤 경험을 하게 되는지를 멋지게 묘사했다. 아인슈타인은 프랑스 수학자 자크 아다마르Jacques Hadamard에게 보낸 편지에서 "언어는 내 생각에서 별다른 역할을 하지 않는 듯하다"고 했다. 아인슈타인은 말보다는 내면의 눈을 통해 아이디어를 발전시켰다. 아인슈타인은 자신의 생각을, "임의로 반복되고 결합될 수 있는 기호와 적잖이 명확한 이미지"의 흐름이라고 했다. 또 근육이 자극될 때 영감이 나온다고도 했다. 아인슈타인은 뇌뿐만 아니라 몸으로도 생각했다. 그는 완전한 의식에는 결코 도달할 수 없으므로, 인식에 이르는 대부분의 과정은 무의식적으로 이루어진다고 확신했다.

모드 1, 2가 창조성에 대한 다른 설명과 대별되는 점은 단순한 가설이 아니라는 것이다. 이 이론은 활동과 몽상, 논리와 직관을 넘나드는 주관적 경험에만 매여 있지 않다. 모드 1과 2는 객관적으로 측정 가능하다.

뇌의 작동 모드를 모드 1과 2로 나누는 것은 흔히 대뇌의 두 반구 중 하나는 논리적 사고를, 다른 하나는 창조적 사고를 담당한다고 믿는 대중적인 견해와는 별개의 것이다. 차가운 이성은 좌뇌가 담당하고 창조성과 직관은 우뇌가 담당한다는 이론은

1960년대에 등장했다. 당시에는 심한 뇌전증 환자를 대상으로 두 대뇌 반구를 잇는 뇌량을 절제하는 수술을 시행하곤 했다. 수술의 후유증으로 환자들은 어떤 반구로 단어를 처리하느냐에 따라 같은 말에도 다르게 반응했다. 서로 분리된 뇌 반구 가운데 우뇌는 연상에 능한 것으로 드러났다. 이후 우뇌와 좌뇌를 창조적인 뇌와 논리적인 뇌로 분리하는 견해뿐만 아니라 사람도 좌뇌형 인간과 우뇌형 인간으로 나누는 경향이 생겨났다. 자기계발서 저자들, 심리테스트 개발자들, 무엇보다 기업의 인사담당자가 이런 연구 결과를 아주 열광적으로 받아들였다. 그리하여 오른손잡이와 왼손잡이가 있듯이, 어떤 대뇌반구가 더 지배적이냐에 따라 어떤 사람은 냉철하고 분석적이며, 어떤 사람은 아이디어와 호기심이 많다는 주장이 등장했다. 대뇌의 권력 관계에 따라 창조성과 날카로운 논리력이 서로 대립된다는 것이다. 이 두 특성은 사람들 사이에 불균형하게 분포되어 있어서 어떤 사람은 논리력이 더 강한 반면 어떤 사람은 창의력이 더 강하다고 했다. 모든 것을 가질 수는 없다는 것이다.

하지만 이런 설명은 근거가 빈약하다. 현대 뇌과학에 따르면 어떤 사람은 좌뇌로, 어떤 사람은 우뇌로 사고한다는 이론은 전혀 맞지 않다. 오늘날에는 자기공명영상(MRI)을 통해 우리가 생각하고 지각하고 느끼는 동안 뇌를 측정할 수 있다. 2013년 미국 신경과학자들이 연령대별로 1000명 이상의 뇌 스캔을 분석한 결과, 뇌에서 성격 특성을 유추할 만한 그 어떤 불균형도 확인할 수 없었다.[8] 건강한 뇌를 가진 모든 사람은 양측 두뇌반구를 비슷하게 활용하는 것으로 나타났다.

뇌는 기계와는 아주 다르게 작동하기 때문이다. 자동차 엔진의 경우 각각의 부품은 제각기 다른 기능을 담당한다. 점화 플러그는 엔진에 불꽃을 점화시키고, 크랭크축은 피스톤의 움직임을 전달하며, 배기관은 유독 가스를 방출한다. 반면 머릿속에는 기쁨, 사랑, 고통을 담당하는 모듈이나 예술 또는 논리를 담당하는 부품 같은 것이 없다.

두뇌는 오히려 축구팀처럼 기능한다. 모든 선수가 서로 다른 역할을 맡지만 역할은 경기 상황에 따라 변한다. 수비수가 공격에 나설 수 있고, 공격수가 코너킥을 막거나 상대의 역습을 저지해야 할 때가 있다. 어느 팀이 공격을 하고 있는지 아니면 수비를 하고 있는지는 어떤 선수가 공을 잡고 있는지가 아니라 팀 전체가 어떤 플레이를 하고 있는지에서 알 수 있다.

마찬가지로 뇌 중추들도 해결해야 하는 과제에 따라 서로 다른 방식으로 협업한다. 어떤 사람이 생각을 하거나 그림을 관찰하거나 댄스를 익히거나 감정을 느낄 때 자기공명영상으로 두뇌를 찍어보면 서로 다른 특징적인 패턴을 보여준다. 여기서 활성화되는 뇌 영역들은 마치 한 그물 속의 그물코처럼 보인다.

뇌의 두 가지 작동 모드도 이런 패턴으로 나타난다. 모드

2(목적 지향적·의식적·논리적 사고 가운데 행동을 준비하고 실행 명령을 내리는 모드)일 때 뇌 영역은 실행 네트워크라 불리는 특징적 패턴으로 서로 연결된다. 이것은 이마 위에 있는 두 대뇌반구의 노드node(내부적으로 연결되어 있는 작은 영역을 의미한다 – 옮긴이)에서 발생한다.[9] 반면 모드 1(대부분 무의식적으로 진행되는 내향적이고 연상적인 성찰)일 때는 이른바 제3의 눈에서 이마 중심부를 지나 뒷머리 가운데로 이어지는 축을 따라 뇌가 활성화된다. 이때 생겨나는 패턴을 '디폴트 모드 네트워크Default Mode Network(혹은 휴지 상태 네트워크)'라고 부른다.

디폴트 모드 네트워크

2000년 디폴트 모드 네트워크를 발견한 미국의 신경학자 마커스 레이클Marcus Raichle은 그것이 그저 공회전 프로그램에 불과할 거라고 여겼다. 뇌가 별달리 할 일이 없을 때 몽상과 더불어 모드 1이 작동된다고 생각했다. 이후 20여 년간에 걸친 연구를 통해 비로소 진정한 연관성이 밝혀졌다. 모드 1이 창조적 사고와 지각을 이어주는 연결고리라는 것 말이다.

본다는 것은 눈앞에 있는 세상의 이미지를 받아들이는 것 이상을 의미하며, 듣는다는 것은 소리를 포착하는 것에 국한되지 않는다. 앞장에서 살펴봤듯이 지각하는 것은 고안하는 것, 즉 만들어내는 것이다. 우리가 보는 이미지, 우리가 듣는 소리는 머릿속에서 생겨나며, 두 번째 단계에서 우리는 우리가 만들어낸 이미지와 소리에 대한 가설을 눈과 귀가 전달해주는 정보에 비추어 점검한다. 그 과정은 창조적 과정이다. 아이디어가 고안되고, 그것이 쓸 만한 것인지 검증이 이루어진다.

주변에서 무슨 일이 일어나고 있는지 새롭게 상상하기 위해 우리는 계속 내면으로 물러나야 하는 듯하다. 어쨌든 깨어 있는 시간에 우리는 꽤 자주 창조적 몽상에 잠긴다. 우리는 자신도 모르는 사이에 하루 중 10분의 1에 해당하는 시간에 눈을 감고 지낸다. 1분에 최대 스무 번까지 눈을 깜박인다는 말이다. 각막을 눈물로 적시기 위해서라고 보기에는 너무 자주 눈을 깜박이는 셈이다. 한번 깜박일 때마다 눈이 보내는 신호가 10분의 2~3초간 꺼지기 때문에 우리는 잠깐씩 실명 상태가 되지만 이를 알아차리지 못한다. 바로 이 순간에 뇌는 모드 1로 옮겨가, 디폴트 모드 네트워크를 켠다.[10]

주변 세계에 대한 상을 만들려는 경우 우리는 논리적 사고라는 안전한 토대를 벗어나야 한다. 현실은 논리적 추론을 통해 단시간에 쓸모 있는 가설에 도달할 수 있을 만큼 단순하지 않기 때문이다. 그래서 우리는 무의식적으로 기억의 보고를 파헤쳐서 조합과 연상을 통해 상을 만들어낸다. 두뇌는 모드 1에서 이렇게 내면을 살핀다(자기관찰introspection). 두뇌는 내면의 눈앞에서 가능한 세계상들을 만들어낸다. 현실을 이해하려면 상상이 필수적인 것이다.[11]

이런 메커니즘은 창조적 과정의 부화 단계에서 활용된다. 이성은 뜀뛰기를 하듯 상을 조합하고, 무의식적으로 광범위한 반경에서 생각하며, 논리적 규칙을 무시하는 가운데, 해당 사안에 대해 이미 얻은 정보를 사안과 거의 무관해 보이는 지식과 연결한다.[12] 모드 1에서는 늘 그렇듯이, 현실이 아니라 가능성에 초점이 맞춰진다. 다양한 미래가 모색되고 기억이 소환된다. 현실의 제약은 배제된다.

다림질, 조깅, 면도를 하면서, 혹은 지루한 회의 도중에 엉뚱한 아이디어가 퍼뜩 떠오르는 경험을 해보지 못한 사람이 있을까? 찾고 있던 아이디어가 이런 단순한 활동 중에 갑자기 스치는 경험을 번번이 해봤을 것이다. 정신적으로 별로 힘들지 않은 활동을 하는 동안 생각이 나래를 펼 수 있다는 사실은 실험을 통해서도 입증되었다. 통제된 실험에서 참가자들은 창의적 사고를 요하는 문제를 해결해야 했다. 참가자들은 준비 단계를 거친 다음 세 그룹으로 나뉘어, 그 문제에 대해 계속 고심하거나 그냥 쉬거나 문제와는 상관없는 단조로운 활동을 했다.[13] 그 결과 마지막, 즉 해당 문제와는 상관없는 단조로운 활동을 하는 경우 독창적인 사고가 가장 촉진되는 것으로 나타났다. 다시 말해 해결해야 하는 문제와 무관한 활동을 하면서 몽상에 잠길수록, 실험참가자들의 답변은 더 독창적이었다.

창조적 과정에서 디폴트 모드 네트워크가 어떤 역할을 하는지 다양한 연구가 이루어졌다. 그중 가장 참신한 연구는 래퍼들의 두뇌 활동을 측정한 것이다.[14] 래퍼들이 랩을 할 때, 두뇌는 몽상적인 모드 1과 논리적인 모드 2를 번갈아 넘나드는 것으로 나타났다. 랩에는 두 종류가 있는데, 이 두 가지가 서로 번갈아가며 등장하기도 한다. 한 가지는 이미 완성된 가사를 활용하는 것이고, 다른 한 가지는 즉흥적으로 가사를 내뱉는 것이다. 연구 결과 힙합가수가 어떤 스타일의 랩을 선호하느냐에 따라 두뇌 상태가 달라졌다. 즉흥 랩을 더 많이 할수록 디폴트 모드 네트워크의 신호를 읽어내기 위해 모드 1 상태가 되는 시간이 더 길었다.

하이 크리에이티브 네트워크

경마에 참가한 말과 기수처럼 모드 1과 모드 2는 창조적 과정에서 서로를 필요로 한다. 둘이 함께해야만 목표에 이를 수 있다. 꿈꿀 수 없는 이성은 느리고 무기력하기 때문이다. 그러나 논리를 외면하고 꺼리는 정신도 마찬가지로 문제가 있다.

그러므로 창조성은 고립된 재능이 아니라 대립적인 것을 머릿속에서 통합시키는 기술이다. 논리가 꿈을 만날 때 아이디어가 생겨난다.

명료한 이성은 목적 없이 배회하는 모드 1의 연상을 조심스럽게 한 방향으로 유도하지만, 결코 많은 통제를 가해 아이디어의 흐름을 막지는 않는다. 냉철한 사고는 현실과의 관계를 잃지 않게 하고, 쓸데없는 환상을 걸러낼 뿐만 아니라, 늘 똑같은 고민을 중단시키고, 자칫 백일몽에 빠지기 쉬운 생각의 고리를 끊는다. 그리하여 창조적 과정에서는 꿈과 분석, 무의식과 의식, 허황된 생각과 계획적인 생각, 관심의 넓은 포커스와 좁은 포커스 사이에서 섬세한 균형이 이루어진다.

이런 균형을 유지하는 것은 어렵다. 우리는 직관과 논리가 서로 대립된다고 느낄 뿐만 아니라 실제로 우리 뇌 안에서 모드 1과 모드 2는 서로 맞수다. 즉 일반적으로는 서로를 배제한다. 디폴트 모드 네트워크가 켜져서 모드 1 상태가 되자마자 모드 2를 조성하는 실행 네트워크는 꺼진다. 반대도 마찬가지다. 그래서 우리는 논리적으로 생각하는 동시에 공상에 잠길 수 없다.

그러므로 많은 사람이 이런 대립을 극복해냈다는 것은 놀라운 일이다. 2018년 미국, 오스트리아, 중국의 심리학자들이 세 나라의 남녀 622명을 대상으로 대규모 연구를 실시했다. 그 결과, 창조적인 성취로 두각을 나타낸 사람은 공상적 사고와 분석적 사고, 즉 모드 1과 모드 2를 능란하게 다루는 것으로 드러났다.[15] 나아가 연구자들은 뇌 활성화를 측정해서 참가자들이 좋은 아이디어를 얼마나 많이 가지고 있을지를 예측할 수 있었다.[16]

첫 번째 단계에서 연구자들은 참가자들을 대상으로 지능, 새로운 경험에 대한 개방성, 독창성을 테스트했다. 독창성을 테스트할 때는 벽돌이나 볼펜처럼 일반적인 물건을 최대한 특이하게 활용하는 방안을 생각해내야 했다. 대답이 독창적일수록 독창성 부분에서 높은 점수를 받았다.

두 번째 단계에서 참가자들은 평소 어떤 창조적 활동을 얼마나 많이 하고 있는지를 이야기해야 했다. 요리 레시피를 고안하거나 사진을 찍거나 일기를 쓰는 등의 활동을 하는 사람들이 점수를 얻었다. 앞서 독창성 테스트에서 높은 점수를 받은 사람들은 지능과 무관하게 창조적인 삶을 살아가는 것으로 나타났다.

세 번째 단계에서 연구자들은 참가자들에게 그동안 창작활동으로 어떤 성과를 냈는지 물었다. 가령 책이나 논문을 발표한 적이 있는지, 예술작품을 전시에 출품했거나 작곡한 음악을 세상에 내놓은 적이 있는지를 확인했다. 그러자 여기서는 지능의 역할이 드러났다. 독창성 테스트에서 좋은 점수를 받고 지능까지 높은 사람은 그렇지 않은 사람보다 창조적 성과물을 발표하고 세상의 인정을 받은 빈도가 높았다.

네 번째 단계에서 참가자들의 뇌 활성화를 측정한 연구자들은 흥미로운 결과와 마주하게 되었다. 독창성 테스트에서 높은 점수를 받거나 돋보이는 아이디어를 내놓았던 사람일수록 뇌 스캔에서 특별한 패턴을 보였고, 연구자들은 이를 '하이 크리에이티브 네트워크High Creative Network'라고 불렀다. 그들의 두뇌는 동시에 두 가지 모드로 작동할 수 있는 듯했다. 보통은 모드 1과 모드 2가 서로 배타적으로 작동하지만 이들의 경우에는 두 모드가 서로 대립하는 대신 협력적으로 작동했다. 마치 직관과 논리 사이의 벽이 무너진 것 같았다.

이런 패턴은 LSD나 실로시빈과 같은 환각제를 복용한 경우 나타나는 뇌 활성화와 닮았다.[17] 이런 약물을 복용한 뒤에도 경직된 뇌 작동 모드들이 해체된다. 마약 복용으로 인한 환각 상태를 겪어본 사람들은 정말 있을 법하지 않은 사고의 도약과 이미지를 아주 명료한 정신으로 경험했다고 회상하는 경우가 많다. 그러나 미국, 오스트리아, 중국에서 실시된 실험의 참가자들은 전혀 약물을 복용하지 않은 상태였다.

특히 아이디어가 풍부한 사람들이 어떻게 그럴 수 있는지는 수수께끼로 남았다. 그들의 이성은 거칠고 막연한 연상과 목적 지향적인 논리 사이에서 이리저리 뜀뛰기를 하지만 연구자들이 도저히 측정할 수 없을 정도로 그 전환 속도가 빠른 것일까?[18] 아니면 그들은 정말로 몽상에 잠겨 있는 동시에 굉장히 이성적일 수 있는 것일까?

하이 크리에이티브 네트워크는 어떤 사람에겐 주어지고 어떤 사람에겐 주어지지 않는 장치가 아니다. 사람마다 조금씩 차이는 있지만 모든 사람이 직관적인 사고와 논리적인 사고를 어느 정도 함께할 수 있다. 하지만 어떤 사람은 다른 사람보다 이 일에 능숙하다.

놀랍게도 이 특징적인 두뇌 패턴은 창의적인 사고를 결코 요하지 않을 때에도 나타난다. 쉬는 동안에도 약하게나마 하이 크리에이티브 네트워크가 나타났다. 미국, 오스트리아, 중국 연구자들은 실험참가자가 별 생각을 하지 않을 때 뇌스캔을 하고 이를 바탕으로 그가 나중에 테스트에서 독창적인 아이디어를 내놓을지, 인터뷰에서 창의적인 이야기를 할지 예측할 수 있었다. 다른 예닐곱 개의 연구에서도 직관적, 논리적 사고를 위해 뇌의 모드를 조절하는 것과 창조성 간에 관련이 있음이 확인되었다.[19]

그렇다면 세월이 더 흐른 뒤에는 미술학교에 입학하거나 연구원으로 들어가거나 광고회사에 취직하려는 사람들은 의무적으로 뇌 스캔을 받아야 할지도 모르겠다. 하지만 뇌 스캔 결과를 과대평가해서는 안 된다. 뇌가 작동 모드를 바꾸는 기술은 창의력에 영향을 미치는 한 가지 요인에 불과하다. 물론 중요한 요인이긴 하다. 하지만 높은 지능지수가 학업적, 직업적 성공을 보장해주지 않는 것처럼, 하이 크리에이티브 네트워크가 특출하다고 해서 모두가 피카소가 되는 것은 아니다. 의욕, 경험, 인성도 얼마나 많은 아이디어를 내고 실현하는가에 중요한 영향을 미친다.

가까운 미래에는 하이 크리에이티브 네트워크를 자극하기 위해 자기장을 발생시키는 헬멧을 머리에 뒤집어쓰게 될지도 모른다. 두뇌의 특정 기능을 활성화하기 위해 머리에 강한 전자기파를 쏘는 것은 공상과학소설에만 나오는 일이 아니다. 여기에 필요한 기술은 이미 개발되어 있으며, 연구에서는 거의 일상적으로 사용되고 있다. 다만 경두개 자기 자극법으로 뇌의 작동 모드를 어떻게 전환할 수 있는지, 경험적 지식이 부족할 따름이다. 지금까지 아무도 이런 문제에 관심이 없었다. 하지만 이제 몽상과 논리적 사고 간의 빠른 전환이 생각의 흐름에 중요한 영향을 끼친다는 사실이 밝혀졌으므로, 이를 연구하지 않는 것은 이상한 일이 될 것이다. 빛나는 아이디어에 대한 갈망이 너무 크기 때문이다.

하지만 우리의 유레카 경험을 방해하는 장애물을 제거하기 위해 정말로 강력한 자기장이 필요할까? 아니다! 훨씬 더 쉬운 방법이 있다. 이것은 특별한 훈련을 요구하지 않는다. 다만 자신의 한계를 인정하기만 하면 된다.

우리의 두뇌가 지닌 능력은 유한하다는 사실을 인정해야 한다. 그래서 창조성의 모든 단계는 공통된 전제를 지닌다. 바로 외부 세계로부터 물러나 있어야 한다는 것이다. 창조적 과정의 준비 단계부터 그렇다. 이 단계에서는 문제에 강하게 몰두해야 한다. 그런데 외부에서 계속 자극이 주어진다면, 집중은 불가능하다. 부화 단계에서도 감각적 지각이 저하된다. 그래야 뇌가 거의 무의식적으로 기억의 내용이 새롭게 배열되는 과정에 자원을 쏟을 수 있기 때문이다. 조망 단계에서도 주의력이 상상의 세계에 쏠려야 한다. 주변 세계에 주의가 팔리다 보면, 싹트는 아이디어를 놓치게 된다.

이런 이유 때문에 사람들은 잠자리에 비몽사몽 누워 있거나, 출근길에 버스 안에 멍하니 앉아 있거나, 아무 생각 없이 샤워를 하는 등의 굉장히 시답지 않은 상황에서 유레카 경험을 할 때가 많다. 볼거리도 별로 없고, 딱히 주의를 끄는 경험도 없고, 해야 할 일도 없을 때, 창조적 사고에 정신력이 최대치까지 활용된다. 그렇기에 우리가 아르키메데스처럼 한가로이 욕조에 들어가지 못하는 상황이 꽤나 우려스럽다. 시대를 통틀어 모든 예술가와 학자들은 그들의 주의력이 얼마나 소중한 자원인지를 알았다. 그리하여 그들은 창조적 작업을 위해 시골처럼 자극이 적은 환경으로 물러나곤 했다.

창조적 사고는 지루함을 견뎌내는 용기와 능력을 필요로 한다. 아르키메데스도 세상의 소음에 냉담하게 등 돌리는 데 능숙했다. 로마군이 자신의 고향을 3년 동안 포위한 끝에 습격과 약탈에 나섰을 때도 아르키메데스는 아무런 관심을 기울이지 않았다. 모래판에 원을 그려놓고 기하학적 증명에 몰입하던 그는 로마 병사에게 "내 원을 밟지 말라Noli turbare circulos meos"고 말했다. 그러자 그 병사는 화가 나서 단칼에 아르키메데스를 죽였다고 한다.

당시 사람들은 이런 아르키메데스를 놀라워하면서도 존경해 마지않았다. 이렇게 세상을 등진 아르키메데스의 삶의 방식은 우리를 당황스럽게 한다. 시라쿠스의 현자인 아르키메데스 같은 사람이 우리 시대에는 없다는 사실에 가슴이 서늘해지기도 한다. 아르키메데스가 욕조에서 명상하는 대신 트위터에서 시간을 보냈다면 기쁨의 "유레카"를 외치며 거리를 뛰어다닐 수 있었을까?

3부
뇌가 연결되는 시대

7장

창조적 사고의
세계화

현대적 사고방식은 1500년부터 유럽을 동요시키다가 전 세계로 확산된 일련의 위기 가운데에서 탄생했다. 그 시대의 갈등들은 오늘날 우리 사회를 불안하게 하는 요소들과 별로 다르지 않았다. 당시에도 세계화와 뉴미디어의 폭발적 확산으로 기존의 사회질서가 흔들렸다. 기술의 진보가 경제적 성공을 좌우했고, 종교적 확신은 더는 통하지 않았다. 가히 삶의 모든 영역이 변화의 물결에 휩싸였다.[1]

이런 변화는 고대 이후 우리 삶에 가장 많은 영향을 끼친 혁신에서 나온 것이었다. 이 혁신적 발명이 어떻게 태동했는지는 알려져 있지 않다. 금세공사 요하네스 겐스플라이슈Johannes Gensfleisch가 어떻게 목재 프레스를 종이 제작뿐만 아니라 인쇄에도 활용할 생각을 떠올렸을까? 흔히 구텐베르크라는 이름으로 알려져 있는 요하네스 겐스플라이슈는 1434년경 슈트라스부르크에서 결정적인 아이디어를 얻었던 듯하다. 지금껏 보존된 계약서에 따르면, 요하네스 겐스플라이슈는 조합을 조직하여, 1439년 독일 아헨으로 떠나는 대규모 '성지순례단'을 상대로 돈을 벌고자 했다. 이 조합은 주석과 납으로 오목거울을 3만 2000개가량 제작하여 판매하기로 했다. 순례자들이 아헨의 성유물에서 나오는 신성한 빛을 거울에 받아 집으로 가져가게 한다는 것이었다. 이유는 모르겠지만 이 조합은 목재 프레스 기계를 주문 제작했다. 하지만 오목거울로 돈을 벌려던 생각은 수포로 돌아가고 말았다. 흑사병이 발발하는 바람에 출발을 얼마 남겨두지 않은 시점에 성지순례가 취소되었던 것이다.

구텐베르크는 이미 납품받은 목재 프레스 기계를 어디에 활용해야 할지 새로운 용도를 고민했을까? 어쨌든 그는 이 기계를 활용해 문서를 신속하고 저렴하게 복제하는 방법을 실험하기에 이르렀다. 그 과정에서 글자를 한 자 한 자 납으로 주조하자는 아이디어도 떠올랐다. 이렇게 주조한 활자를 한 줄 한 줄 앉혀서 한 페이지에 들어갈 인쇄판을 구성한 다음, 프레스기에 넣으면 되는 일이었다. 먼 동방의 기술에 영감을 받았던 것일까? 그것도 분명하지 않다.

중국에서는 수백 년 전부터 나무로 만든 활자로 인쇄를 했다. 한국에서는 한 술 더 떠서 금속활자를 사용했다. 하지만 아시아에서는 인쇄기를 사용하는 대신, 사람이 활자판에 잉크를 묻혀서 종이에 대고 찍어냈다. 게다가 상형문자인 중국의 한자는 만들어야 하는 활자 수가 너무나 많았기에, 이런 방법은 너무 수고로웠다. 차라리 필사자들을 대거 고용하여 일을 시키고 비용을 지불하는 편이 저렴했다. 그리하여 이 기술은 아시아에서는 널리 확산되지 못했다.

성인들의 이미지를 새겨 넣은 납 거울을 제작 판매하려던 계획에서 납으로 활자를 만들자는 생각이 떠올랐을지도 모른다. 어쨌든 인쇄술을 시도해본 구텐베르크는 여기서 커다란 가능성을 보았고 이후 10년간 인쇄술을 개선하는 일에 몰두했다. 이 기간에 구텐베르크의 작업장에서는 인쇄기를 효율적으로 가동하기 위한 전반적인 기술 시스템이 개발되었다. 특별한 주조 기법을 개발하고, 금속을 최적의 비율로 합금하는 방법을 실험했으며, 활자를 만드는 도구도 고안했다. 활자를 보관하는 활자함도 만들었다. 또한 활자로 텍스트를 조판하기 위한 식자판을 만들고, 그을음과 바니시를 섞어 쉽게 마르는 잉크를 제조했다. 그리고 인쇄기에 바퀴와 롤러 같은 움직이는 부품을 장착해, 인쇄할 종이가 빠르고 정확하게 준비되게 했다. 구텐베르크의 기술은 조합을 통한 창조성이 빚어낸 빛나는 발명품이었다.

구텐베르크의 패배가 남긴 것

1450년경 고향 마인츠에 머물던 구텐베르크는 인쇄 공정을 완성했다. 그리고 자신의 발명품이 막대한 경제적 이윤을 안겨줄 것이라는 기대를 품고 사업 자금을 조달하여, 성서를 제작하기 시작했다. 그리하여 1454년부터 성서 초판을 180부 찍어 유통시키고, 교회로부터도 돈벌이가 되는 일을 수주했다. 바로 수천 장의 면죄부를 찍어내는 일이었다. 신자들이 죄에 대한 벌을 면제받기 위해 구입하는 면죄부를 찍어내는 일에 구텐베르크의 신기술이 활용되었던 것이다.

구텐베르크는 기술적으로는 빛나는 성과를 거두었지만 사업 수완은 별로 없었던 듯하다. 1455년 그는 자신의 인쇄소에 투자한 사람들이 제기한 소송에 휘말렸다. 소송에 패하고 파산한 그는 자신의 인쇄소를 포기했고 인쇄술에 대한 독점권도 잃어버렸다. 그러나 구텐베르크의 패배는 인쇄술 자체에는 긍정적으로 작용했다. 더는 누구의 것도 아닌 인쇄술은 유럽 전역에 급속도로 확산되었다. 1470년경 쾰른, 파리, 베네치아 등에 소재한 인쇄소는 이미 수천 권의 책을 찍어냈고, 1480년경에는 어느 정도 규모 있는 도시치고 인쇄소가 없는 곳이 없었다. 1485년경이 되자 인쇄업의 규모는 날로 커져서 인쇄소는 출판사로 발전했고, 발행 부수가 몇만 권에 다다라 전 유럽에 책이 유통되었다. 1500년에

는 2000만 권 이상, 1600년에는 2억 권 이상의 책이 인쇄되어 나왔다.[2]

구텐베르크의 동시대인들도 인쇄술의 영향이 단지 하나의 산업을 새로 태동시키는 것에서 끝나지 않으리라는 사실을 예감했다. 쾰른의 카트루지오 수도회 수도사인 베르너 롤레빙크Werner Rolevinck는 자신의 《세계 연대기》에 "최근 마인츠에서 발명된 인쇄술은 기술 중의 기술이자 과학 중의 과학"이라고 썼다. 또한 "인쇄술의 급속한 확산 덕택에 세계는 지금까지 숨겨져 있던 지혜와 지식의 보고를 누리고 있다. 지금까지 파리나 아테네는 물론 대학이 있는 다른 대도시의 도서관에서 소수의 대학생들만 열람할 수 있었던 무수한 저작이 모든 언어로 번역되어 전 세계에 보급되고 있다"라고 했다.[3] 그의 《세계 연대기》는 1474년에 출간되어 총 10만 부가 인쇄되었다.

소수의 권력자가 지식을 독점하던 시대는 막을 내렸다. 인쇄기가 발명되기 전에는 탐탁지 않은 의견을 억누르기가 쉬웠다. 선동자만 손보면 끝났기 때문이다. 어디에선가 이단적인 글이 나온다 해도, 손으로 쓴 글 몇 개쯤은 쉽게 없애버릴 수 있었다. 게다가 글을 아는 사람도 극소수에 불과했다. 어차피 읽을거리들은 수도원이나 제후의 성이나 대학교 도서관에만 있어서 일반인들은 접근할 수조차 없는데, 무엇 때문에 글을 배우겠는가?

하지만 규모가 있는 장이 서는 도시마다 인쇄소가 문을 열면서 사정은 크게 달라졌다. 글을 읽어야 할 이유가 생겼고, 정보와 견해의 확산은 거의 통제 불가능한 일이 되었다. 교회가 어떤 책을 금서 목록에 올리거나 제후가 어떤 소책자를 불순한 것으로 규정하면, 인쇄업자들은 기회를 엿보다 금지된 생각을 배포하여 돈을 벌었다. 급진적인 글일수록 대중은 더 관심을 가졌다. 유럽이 들썩이기 시작했다.

공교롭게도 인쇄술의 발전과 맥을 같이하여, 대량의 혁명적인 글들이 유럽에 유입되어 널리 확산되었다. 1453년 콘스탄티노플이 투르크제국에 함락당하자 기독교 지식인들이 도서관에 있던 온갖 고대의 필사본들을 가지고 서쪽으로 피난을 왔던 것이다. 그리하여 피렌체와 밀라노 같은 곳에도 아르키메데스 같은 고대 사상가들이 접했던 글들이 등장하게 되었다. 게다가 피란민 중에는 이런 글을 이해하는 학자들이 섞여 있어서 새로운 아이디어를 자극했을 뿐만 아니라 교회의 교리에 대안이 되어줄 고대의 사상들을 소개했다.

가톨릭교회의 가르침에 따르면 인간의 목적은 단 하나, 하느님의 영광을 높이는 것이었다. 현세에서 양질의 삶을 살거나 세계를 알아가기 위해 노력하는 것은 그다지 가치없는 일로 여겨졌다. 1000년이 넘는 세월 동안 서양은 초기 기독교 신학자인 아우렐리우스 아우구스티누스Aurelius Augustinus의 견해에 따라 호기심도 죄로 여겼다. 가톨릭 철학자들은 인간은 결코 창조성을 발휘

할 수 없으며, 창조성은 신에게서만 나온다고 설명했다.[4]

이제 그런 굴종적 태도에 대한 반작용이 피렌체에서 확산되기 시작했다. 피렌체 출신의 마르실리오 피치노Marsilio Ficino는 15세기 후반 재발견된 고대 문헌을 연구하고는 신이 아닌 인간을 창조자로 보는 철학을 개진했다. 피치노는 새로움을 동경하는 것은 죄가 아니며, 자신과 세계를 자기 의지대로 변화시키는 능력에서 인간의 존엄성이 나온다고 가르쳤다. 피치노의 생각에 깊은 감명을 받은 레오나르도 다빈치는 예술가가 신처럼 창조적일 수 있다는 이유에서 예술가를 '신의 손자'라고 불렀다.

당대 역사가가 기록한 한 편의 일화가 사람들에게 자부심을 심어준 당시의 지적 분위기를 고스란히 보여준다. 신대륙에서 돌아온 콜럼버스Christopher Columbus가 연회에 초청을 받았다. 그런데 그곳에 참석한 스페인 귀족들이 새로운 항로를 개척한 것이 뭐 그리 대단한 일이냐면서 함대가 있는 사람이라면 누구든 서인도제도로 항해할 수 있다고 주장했다. 15세기의 교양인이라면 지구가 둥글다는 사실을 의심하지 않는다면서 말이다.

그 말에 콜럼버스는 삶은 달걀을 하나 들고는 사람들을 둘러보면서 테이블 위에 세워보겠느냐고 했다. 아무도 삶은 달걀을 세우지 못했다. 콜럼버스는 삶은 달걀을 테이블 위에 탁탁 내리쳐서 끝을 뭉툭하게 만든 다음 세웠다. 그러자 다른 손님들이 자신들도 그렇게 할 수 있다면서 항의했다. 콜럼버스는 이렇게 대답했다. "신사 여러분, 당신들은 그렇게 할 수 있었지만 하지 않았고 저는 했다는 것에 차이가 있습니다."

구텐베르크의 인쇄술이 없었더라면, 콜럼버스는 결코 신대륙을 발견하지 못했을 것이다. 양모 직공의 아들인 그는 아마 항해할 생각조차 하지 못했을 것이다. 하지만 아버지가 새로운 인쇄술 덕분에 널리 보급된 지리책을 사온 것이 바깥 세상에 대한 콜럼버스의 호기심을 일깨워주었다. 이 책은 지금도 세비야의 한 도서관에 소장되어 있다. 소년 콜럼버스는 마르코 폴로Marco Polo 같은 초기 탐험가들의 여행기를 탐독했고, 고대의 저술가 플리니우스Gaius Plinius Secundus의 《박물지Naturalis Historia》와 프톨레마이오스의 천문학 책들도 열심히 읽었다. 그리고 마침내 스페인의 쾌속 범선 세 척을 거느리고 대서양을 건너 서쪽으로 향하게 되었다. 이때 콜럼버스는 독일 뉘른베르크의 천문학자이자 출판업자인 레기오몬타누스Regiomontanus가 펴낸 《천체위치추산표Ephemerides ab anno》를 가져갔다고 한다. 이 책에는 모든 중요한 별과 행성의 위치가 표로 정리되어 있었고, 천체를 관측하여 항로를 정하는 데 필요한 수학함수도 들어 있었다. 이런 수단이 있었기에 미지의 세계로 긴 여행을 떠날 엄두가 났던 것이다.

그렇게 르네상스와 더불어 발견의 시대가 개막되었다. 선원들이 미지의 바다로 출항하고, 개척자들이 먼 해안에 정착했듯이, 예술가들과 학자들도 새로운 영역을 정복해나갔다.

인쇄된 서적의 등장은 정보를 수집하고, 수용하고, 전달하고, 저장하는 방식을 근본적으로 변화시켰다. 그와 함께 사람들의 생각도 근본적으로 변화했다. 고대에 전설적인 알렉산드리아 도서관을 찾아가 책을 읽을 수 있었던 사람은 소수의 학자들뿐이었다. 하지만 이제는 어느 곳이나 알렉산드리아나 다름없었다. 적어도 도시에서는 어디서나 책을 구하기가 쉬웠으므로, 글을 아는 사람들은 아르키메데스와 고대 철학자들보다 훨씬 더 풍요로운 지적 환경을 누리며, 아이디어의 우주에 푹 잠길 수 있었다. 새로운 기술 덕분에 더욱 풍부하고 우수한 정보가 주어졌다.

구텐베르크의 인쇄술이 등장하기 전까지 창조적 사고는 한정된 장소에 매여 있었다. 필사본으로 책을 만드는 데는 어려움이 많았다. 필사자들이 원고를 정확히 베끼지 못했기에, 사본이 만들어질 때마다 실수가 계속 누적되었다. 그러다 보니 텍스트는 마치 소리를 내지 않고 입모양으로 메시지를 전달하는 게임에서처럼 엉뚱하게 바뀌기 일쑤였다. 고작해야 현지에서 검증된 지식이나 누군가 여행 중에 알아낸 정보가 아이디어의 원천이 되어주었고, 아이디어의 확산은 아주 느렸다.

인쇄술이 등장하면서 비로소 정보는 얼마든지 정확하게 복제될 수 있는 것이 되었다. 확산되어도 더 이상 그 가치를 잃어버리지 않았다. 정보의 원래 출처가 믿을 만하다면 그것을 인쇄한 텍스트 역시 신뢰할 수 있었다. '흰색 바탕에 검은 글씨'는 이제 뒤집을 수 없는 사실을 상징하는 은유가 되었다.

지금까지 귀에 들리는 말이나 눈에 보이는 것만 의지했던 사람들은 '사실'이라는 것을 이용할 수 있게 되었다.

전승이나 전통은 아이디어의 원천으로서 중요성을 상실했고, 권위 있는 사람들의 견해도 점점 힘을 잃었다. 어떤 아이디어가 교부나 고대 사상가의 글과 배치되어도 별일이 아니었다. 창조적 사고의 새로운 원천은 데이터였다.

정보를 안정적이고 빠르게 대량으로 전달할 수 있게 되면서 물리적 거리는 그다지 걸림돌이 되지 않았다. 쾰른에 있든 파리에 있든 로마에 있든 상관없이, 책이 사람들의 두뇌를 연결해주었다. 선원들은 구텐베르크의 인쇄기를 전 세계로 확산시켰다. 1544년에 멕시코시티에서 인쇄소가 문을 열었고 곧이어 예수회가 인도에 인쇄소를 설립했다. 사람들은 먼 거리를 두고도 함께 아이디어를 개발할 수 있었다. 창조적 사고는 세계화되었다.

코페르니쿠스의 새로운 방식

구텐베르크의 발명은 3차 사고 혁명을 촉발했다. 인쇄술과 함께 매스커뮤니케이션 시대가 열렸고, 인간의 지적 가능성은 어마어마하게 확장되었다. 인쇄술과 비교할 만한 사건을 찾으려면 역사를 한참 거슬러 올라가야 했다. 인쇄술의 발명만큼 인간의 공동생활을 크게 바꾸고 인간 자신과 세계를 보는 시각을 통절하게 전환시킨 것은 언어의 탄생이나 상징의 고안 정도에 불과했다.

지구가 태양 주위를 돈다는 인식은 3차 사고 혁명의 결실 중 하나였다. 지동설은 인류의 위대한 정신적 업적인 동시에, 정보를 새롭게 다루는 것이 어떤 지평을 열어주는지를 생생하게 보여주는 좋은 예다.

고대 철학자들 중에도 지구가 우주의 중심이 아니라고 주장하는 사람들이 있었다. 그러나 그들은 그 생각을 증명할 수 없었다. 1473년 폴란드 토룬에서 태어난 니콜라우스 코페르니쿠스Nicolaus Copernicus가 비로소 지구가 태양 주위를 돈다는 확실한 논지를 제시할 수 있었다. 코페르니쿠스가 지동설을 증명할 수 있었던 것은 양질의 천문학 장비 덕분이 아니라 인쇄된 서적 덕분이었다. 코페르니쿠스는 기본적인 관측기구만 가지고 있었으며, 사실 밤하늘을 관찰하는 데는 그다지 흥미가 없었다. 역사상 가장 큰 영향력을 가진 이 천문학자가 직접 관측한 기록은 몇십 건에 불과했다.

코페르니쿠스는 자신의 관측보다는 수백 년 된 데이터를 토대로 새로운 세계관을 개진했다. 중세 스페인 천문학자들이 기록한《알폰신 테이블Alfonsine Tables》도 코페르니쿠스의 중요한 참고 자료였다. 필사본으로는 좀처럼 구하기가 쉽지 않았던 이 문서는

1492년에 인쇄본으로 나왔고, 당시 크라코프대학교 학생이었던 청년 코페르니쿠스는 즉시 그것을 구입했다. 코페르니쿠스는 라틴어로 번역된 아랍 천문학자 할리 아벤라겔Haly Abenragel의 책과, 콜럼버스가 1492년 대서양 항해길에 지참한 레기오몬타누스의 《천체위치추산표》인쇄본도 구했다.[5]

나중에 코페르니쿠스가 보완한 레기오몬타누스의《천체위치추산표》는 1년간 밤하늘에서 행성과 별의 위치를 추적, 목록화한 데이터 모음집이었다. 코페르니쿠스는 지구를 우주의 중심으로 설정할 때의 예측과《천체위치추산표》의 수치를 비교했다. 그결과 당시 일반적이던 천동설로 천체의 위치를 설명하려면 불필요하게 복잡해진다는 사실을 깨달았다. 반면 지구가 태양을 공전한다고 보면, 천체의 움직임을 더 쉽게 이해하고 별의 위치를 더 정확하게 계산할 수 있었다.

그리하여 코페르니쿠스는 지구가 다른 모든 행성과 동일한 일개 행성이고, 태양은 붙박이별이라고 선언했다. 물론 그런 설명은 감각적 경험(우리는 매일 태양이 이쪽 하늘에서 저쪽 하늘로 이동하는 것을 본다)과 모든 권위를 거스르는 것이었다. 그러나 코페르니쿠스에게는 눈에 보이는 지각적 경험이나 교의보다 책에 실린 데이터가 더욱 믿을 만한 것이었다. 그러므로 혁명적인 것은 코페르니쿠스의 주장만이 아니었다. 주장을 논증한 방식 자체도 주장 못지않게 혁명적이었다.

코페르니쿠스는 자신의 연구 결과를 담은 원고를 공개하지 않고 수십 년간 자물쇠를 채워두었다. 그가 두려워한 것은 가톨릭교회의 파문이 아니라 정신이 온전치 않다는 주변 사람들의 낙인이었다. 1543년 마침내 그의 저작《천체의 회전에 관하여De revolutionibus orbium coelestium》의 인쇄본이 나왔을 때 코페르니쿠스는 그 책을 교황에게 헌정했다. 교황에게 보낸 편지에서 코페르니쿠스는 지구가 둥글다고 주장한 사람들이 어떤 조롱을 받았는지 잘 알지 않느냐고 말했다. 그는 콜럼버스가 지구는 둥그니까 서쪽으로 계속 항해하면 인도에 닿을 수 있다고 말했을 때, 사람들이 보였던 반응을 떠올렸을지도 모른다. 그러고는 "그러므로 그런 사람들이 우리를 비웃는다고 해도 지식인으로서는 놀랄 일이 아닙니다"라고 덧붙였다.[6] 새로운 사고방식을 대변하는 사람은 저항을 염두에 두어야 한다는 것이었다.

넘치는 정보에서 창조적 사고를 찾는 법

정보를 유통시키는 일이 쉬워질수록 새로운 사고가 더 많이 확산되었다. 뭔가를 발견하거나 연구하거나 발명한 사람은 거의 모두가 자신의 지식을 글로 펴내기 시작했다. 당사자가 스스로 발표하지 않으면, 다른 사람이 그 일을 했다. 인쇄물에 등장한 각각의 생각은 다시 새로운 발견의 출발점이 되었다. 그리하여 활용할 수 있는 정보의 양이 눈덩이처럼 불어났다.

근대 초가 되자 사람들은 처음으로 개인이 처리할 수 있는 것보다 더 많은 지식에 노출되기 시작했다. 아이디어는 더 이상 부족하지 않았고, 호기심은 죄라는 교회의 위협은 위력을 잃었다. 밸브가 열려서 병 속의 가스가 사방으로 흘러나오듯, 창조적 사고는 이제 온갖 대상으로 향했다.

이런 고삐 풀린 자유는 회화에도 기술적 설계도처럼 엄격한 잣대를 적용했던 레오나르도 다빈치에게서 생생하게 느껴진다. 다빈치는 해부학 분야에서 선구적인 성과를 거두었고, 운하의 수문 장치를 만들었으며, 심지어 화석을 도구로 이탈리아가 태곳적에 바다 속에 있었음을 증명하고자 했다.

그러나 다빈치의 공책은 가능성이 흘러넘칠 때 창조적 사고가 어떤 어려움에 처하는지도 보여준다. 레오나르도 다빈치가 남긴 원고 1만 장 가운데 거의 6000장 정도가 현재까지 남아 있다. 도시 건설, 식물의 비율, 거대한 청동 기마상 제작, 보스포루스 해협을 가로지르는 다리 설계, 새 날개 주변의 기류, 인공 심장판막 등 여러 가지 모색을 아우른 원고들이다.

그중 다빈치가 실제로 실현한 것은 극히 드물다. 어떤 계획은 완전히 불가능했고, 어떤 계획은 당시 기술로는 실행에 옮길 수 없었다. 그러나 대부분의 계획은 시간 부족으로 실행할 수 없었다. 르네상스기의 사고 혁명 한가운데에서 레오나르도 다빈치 같은 사람조차 자연적인 한계에 부딪혔다.

창조적 사고 자체가 변해야 했다. 그러지 않고는 이성이 어떻게 점점 증가하는 데이터를 처리하고 점점 많아지는 대안들을 검토할 수 있겠는가? 실제로 다빈치 이후 연구자들과 예술가들은 시대의 도전에 적절히 대응할 방법을 발견했다. 영국 철학자 프랜시스 베이컨Francis Bacon은 1620년에 이를 '새로운 방법'이라 칭했다. 오늘날 베이컨이 제시한 접근 방식은 '과학적 방법'이라 불린다. 진지한 과학 프로젝트는 모두 그런 방법을 토대로 하기 때문이다.

그러나 엄밀히 말하면 두 가지 명칭 모두 맞지 않는다. 우선 이 방법은 새롭지 않다. 자연은 이미 수백만 년 전에 이런 방법을 고안했기 때문이다. 베이컨이 '새로운 방법'이라고 추켜세운 것은 우리 지각의 토대가 되는 무의식적인 원칙을 의식적으로 적용한 것에 지나지 않는다. 두 번째로, 이런 방법을 따르는 것은 과학만이 아니기 때문에 과학적 방법이라고 부르는 것은 무리가 있다.

앞에서 우리는 지각의 기본적인 문제들을 살펴봤다. 감각기관은 매초 우리가 의식적으로 처리할 수 있는 것보다 더 많은 자극을 전달한다. 진화는 이 문제를 해결할 방법을 찾아냈다. 바로 뇌가 감각적 자극을 일일이 해석하지 않게 하는 것이다. 대신 뇌는 몇몇 가능한 가설을 시험한다. 가설이 현재의 감각적 자극이

나 과거의 경험과 맞아떨어지면, 우리는 곧장 그 가설을 진실로 받아들이고 그에 따라 행동한다. 하지만 가설을 받아들일 때조차도 그 가설은 임시적인 것에 불과하다. 새로운 정보가 들어오면, 그 가설은 다시 검토되고, 필요할 경우 다른 가설로 대체된다.

프랜시스 베이컨의 '새로운 방법'도 이와 같이 기능한다. 이 방법은 어떤 문제에 대해 궁극적인 해결책을 찾기보다는 일시적으로 유용한 해결책을 모색한다. 이를 통해 베이컨은 생각으로 세상의 진리를 규명하고자 했던 고대 철학자들과 단호히 결별했다. 베이컨은 인간의 지식은 결코 완전할 수 없기에, 인간은 결코 진리에 이를 수 없다고 보았다. 하지만 계속해서 자신의 무지를 시인하면 점점 진실에 가까워질 수 있다고 했다. 그의 '새로운 방법'은 인간의 이성이 감당할 수 있을 만큼 인식의 과정을 작은 단계로 쪼개는 것이었다.

성공적인 창조적 사고는 이런 원칙을 따른다. 오늘날 요리사가 새로운 레시피를 개발하든 소설가가 소설을 쓰든 발명가가 발명을 하든, 그들 모두는 미지의 광대한 영역에서 모든 길을 시험해보는 것은 불가능함을 알고 있다. 그리하여 한 가지 가설을 선택한다. 요리사의 가설은 부드럽게 익힌 가재 살은 반쯤 숙성된 망고의 신맛과 잘 어우러질 거라는 것이다. 소설가는 괴짜 주인공의 이야기를 효과적으로 전달하려면 서로 다른 시간적 배경 속에서 벌어진 사건들을 짜깁기하는 것이 좋을 거라고 생각한다.

발명가는 브레이크를 밟을 때 잃어버린 에너지를 다시 회수하는 형태의 새로운 변속 장치가 전기 자동차의 연비를 높여줄 거라고 가정한다.

가설은 나아갈 길을 정해준다. 가설은 가능성의 범위를 크게 제한하여, 우리의 과제를 줄여준다. 하지만 모든 가설은 임시적인 것에 불과하다. 부적절한 것으로 판명되면 폐기되고 대체된다. 진실로 드러난 가설은 거의 항상 새로운 질문을 만들어낸다(고수 씨를 첨가하면 가재 살과 덜 익은 망고가 지닌 맛의 대비가 더 증가하지 않을까? 독자들을 괴롭히지 않는 한도 내에서 시간적 배경을 몇 개나 집어넣을 수 있을까?). 이러한 질문에 대해 다시 의심이 제기되고, 그렇게 우리는 이 생각에서 저 생각으로 옮겨간다.

창조적 사고는 연구다. 그것은 지각처럼 시행착오의 원칙을 따르지만 목표에 이르기 위해서는 지각보다 훨씬 더 많은 단계를 거쳐야 한다. 시각체계는 100분의 몇 초 사이에 우리 눈앞에 펼쳐지는 장면을 만들어내며, 청각체계는 10분의 몇 초 사이에 친숙한 목소리를 분간해낸다. 하지만 다빈치의 〈최후의 만찬〉은 3년 이상의 작업 끝에 완성된 순간부터 이미 색이 바래기 시작했다. 〈모나리자〉를 그리는데도 아마 그 정도 걸렸을 것이다. 알베르트 아인슈타인은 두 가지 상대성이론을 각각 10년간 숙고했으며, 괴테는 《파우스트》 1부를 완성하기까지 무려 30년이 걸렸다.

창조적 사고는 가설에서 출발하지만 목적지는 불명확하다.

창조적 사고는 그 점에서 논리적 사고와 다르다. 논리적 사고는 정확히 하나의 올바른 결과에 도달한다. 제대로 된 계산 문제의 답은 정해져 있으며, 정답 외의 모든 답은 틀리다. 하지만 창조적 사고는 그렇지 않다. 지각과 마찬가지로 창조적 사고는 정답은 아니지만 쓸 만한 답변들을 제공한다. 통하는 모든 것이 유용하다. 다음 장에서는 어떻게 이런 쓸 만한 답변에 이를 수 있는지를 살펴볼 것이다.

8장

가능성이라는
신대륙을 발견하다

논리는 인간 정신의 가장 예리한 검이지만 의외로 약한 도구다. 거의 모든 문제가 그 검을 피해 갈 수 있다. 심지어 우리가 논리로 해결할 수 있다고 믿는 문제들까지도 말이다. 그러나 논리의 실패를 통해 창조적 사고가 무엇인지 설명할 수 있다.

체스를 예로 들어보자. 체스판에서 일어나는 일들은 사실 굉장히 명확하다. 우연은 아무런 역할을 하지 못하고, 어떤 상황에서든 가장 좋은 수가 존재한다. 상대의 패를 알지 못하는 카드게임과 달리 비밀도 없다. 체스의 경우에는 완벽한 정보가 제공되므로, 원칙적으로는 충분히 올바르게 생각하기만 하면 가장 좋은 수를 찾을 수 있다. 사고의 오류를 저지르지 않는 체스 플레이어는 체스에서 결코 지지 않는다는 사실을 증명할 수도 있다.[1]

사고의 오류를 저지르지 않는다는 말은 모든 가능성을 염두에 둔다는 뜻이다. 모든 가능성이란, 게임이 시작되기 전에는 앞으로 펼쳐질 모든 판을 망라하며, 나중에는 연속되는 모든 판을 아우른다. 따라서 모든 가능성은 64개의 흑백 칸과 32개의 흑백 기물, 그리고 기물을 움직이는 규칙에서 나온다. 이때 가설은 자신의 수와 상대방의 수가 초래하는 모든 결과다. 이 모든 가설 중에서 가장 좋은 것을 선택해야 한다.

하지만 여기서 논리만 신뢰하는 사람은 감당하지 못할 선택 앞에 서게 된다. 전형적인 체스 포지션에서 플레이어는 약 30개의 수 중 하나를 선택해야 한다. 그리고 한 번의 게임이 진행되는 동안 하얀 쪽과 검은 쪽이 약 40번씩 차례가 돌아오기 때문에 게임 진행에 대한 경우의 수는 어마어마하게 커진다. 가능성의 범위에 약 10^{120}개에 달하는 가설이 존재한다. 1 뒤에 0이 자그마치 120개나 붙는 수다.[2] 완벽한 플레이어는 이 모든 가설을 고려해야 한다. 그런데 하나의 가설에 10분의 1초씩만 할애해도 모든 가설을 훑으려면 10^{113}년이라는 세월이 걸린다. 그때쯤이면 태양도 오래전에 영영 빛을 잃은 다음일 것이다(약 100억 년, 즉 10^{10}년이 지나면 태양의 연료는 바닥날 것이기 때문이다).

그러므로 그렇게 오래 기다리지 않으려면, 가능성의 범위를 축소하는 수밖에 없다. 즉 생각을 금지해야 하는 것이다. 조만간에 체스 한 판을 끝내려면, 가능한 수를 너무 많이 고려해서는 안 된다. 정해진 체스 규칙을 지킬 뿐만 아니라 스스로가 부과한 경험칙도 따라야 한다. 상대의 폰을 자신의 퀸과 교환하는 것은 어리석은 짓이며, 더블폰은 좋지 않다. 오프닝에서는 각각의 기물을 딱 한 번씩 건드리는 것이 좋다. 초심자도 이미 몇십 가지는 머릿속에 넣고 있는 이런 경험칙은 순수 논리적인 계산을 따르지 않는다. 오히려 대부분의 플레이어가 직접 해보지 못한 경험에서 나온 것이다. 어디선가 "나이트가 가장자리로 가게 되면 완전히 망하는 거야"라는 문장을 주워들었고, 그 말을 그대로 믿어버린 것이다.

체스를 두는 사람의 생각은 이제 문화적 전통을 따른다. 그리하여 경험칙에 위배되는 수는 애초에 금지된 것처럼 배제해버린다. 게임을 하기 위해 가능성의 범위가 대폭 축소된 것에 만족하고, 논리를 포기한다. 주워들은 경험칙이 자신의 가설이 되어버린 것이다.

체스를 많이 둘수록, 플레이어가 내면화한 보물과 같은 원칙이 늘어난다. 초심자는 다음 수, 기껏해야 그다음 수에 대한 경험칙을 구사하는 반면, 숙련된 플레이어들은 훨씬 더 긴, 검증된 시퀀스들을 꿰고 있다. 여러 세대의 체스 선수들이 거의 20수 이상에 달하는 다양한 오프닝 버전을 개발해놓았다. 이런 각각의 오프닝은 체스 마스터의 머릿속에 이미 들어 있는 가설들이다. 그리하여 초심자는 무수히 많은 가능성 가운데 자신의 길을 찾아가다가 난관에 봉착하는 반면, 숙련된 플레이어는 검증된 전술을 머릿속에서 자유자재로 꺼내어 사용한다.

하지만 모든 가설처럼 모든 표준 전술은 '선판단'이다. 물론 킹스 인디언 디펜스건, 시칠리아 디펜스건, 퀸스 갬빗이건, 모든 전술은 비논리적이지 않다. 만약 그랬더라면 오래 버티지 못했을 것이다. 그러나 그다지 순수한 논리를 따르지는 않는다. 체스 교과서에 나오는 수들이 특정 상황에서 최상의 결과를 가져오는지는 결국 아무도 증명할 수 없다. 증명하려면 가능한 모든 수를 테스트해보아야 하는데, 결코 그럴 수가 없으니 말이다. 그리하여 플레이어는 언제든 기존 해법을 버리고, 다양한 가능성 안에서 새로운 길을 시험해볼 수 있다. 그렇게 해서 잘되면, 창의적인 수를 썼다며 칭찬을 받는다. 그리고 다른 판에서도 그 방법이 통하면, 어느 순간 그 방법은 교과서에 실리게 된다.

이런 상황에서 발휘되는 창조적 사고는 3장에서 살펴보았던 조합의 기술과는 전혀 다른 종류의 것이다. 인쇄기와 아이폰, 너무나 아름다운 시와 뉴턴의 중력이론을 세상에 선사해주었던 조합적 사고는 그때까지 서로 분리되어 있던 가능성의 범위에 놓인 개념들을 연결시킨다. 전화와 태블릿 컴퓨터가 새로운 기기로 결합되고, 태양을 중심으로 공전하는 행성들과 땅에 떨어지는 사과가 새로운 물리학으로 결합된다.

반면 체스에서의 창의적 사고는 게임 규칙이 정해주는 가능성 안에 머문다. 여기서 이루어야 할 지적 작업은 가능성의 범위를 탐색하여 아직 아무도 다루지 않은 가설을 모색하는 것이다. 신대륙의 발견자처럼, 사고는 기본적으로 열려 있지만, 아직 아무도 발을 들여놓지 않은 영역으로 나아간다. 그리하여 이런 종류의 창조성을 '탐구적' 창조성이라 부른다.[3]

탐구적 창조성의 선구자들

근대가 시작된 이래 인간의 이성은 가능성을 점점 더 넓게 모색해왔다. 이런 가능성의 지평은 인간 스스로가 만들어냈고 점점 확장되고 있다. 영국의 인지과학자 마거릿 보든Margaret Boden은 오늘날 인간이 발휘하는 모든 창조성의 97퍼센트는 탐구적인 것이라고 했다. 이런 종류의 창조적 사고는 규칙을 따르고 이미 알려진 원칙을 변주한다. 그러다 보니 탐구적 창조성이 빚어내는 결과는 대담한 조합보다는 그다지 놀랍지 않게 느껴질지도 모른다. 그러나 탐구적 사고를 시답지 않게 평가해서는 안 될 것이다.

기존 기술을 토대로 새로운 제품과 공정을 개발하는 수백만 엔지니어의 창조성은 탐구적인 것이다. 또한 매일같이 실험실에 출근하여 미지의 현상을 친숙한 자연법칙의 틀 안에서 설명하고자 하는 과학자들의 조용한 연구 역시 탐구적이다. 프랑스의 유전학자이자 노벨상 수상자인 프랑수아 자코브François Jacob는 이런 노력을 '낮의 과학'이라 불렀다. 꿈꾸고 몽상하는 가운데 생겨나 인류에게 예측하지 못한 지평을 열어주는 대담한 아이디어로 구성된 '밤의 과학'에 대비되는 말이다. 젊은 시절 알베르트 아인슈타인이 빛을 타고 달리면 어떻게 될까를 상상하며 상대성 원리를 내놓은 것은 밤의 과학에 속하는 노력이었다(다음 장에서 그런 대담한 숙고가 어떻게 이루어지는지 살펴볼 것이다). 그러나 아인슈타인이 상대성이론의 공식을 체계적으로 파고들어 일식이 일어날 때 관찰할 수 있는 별빛의 휘어짐을 예측하고, 중력파의 존재를 주장한 것은 낮의 과학이다. 낮의 과학에서 창조적 사고는 탐구적이다. 이런 종류의 연구가 알베르트 아인슈타인이 상대성이론의 가능성을 모색했을 때처럼 주목받는 경우는 그리 많지 않다. 하지만 낮의 과학이 대서특필되지 않는다고 해서 연구자들의 창조적 업적이 축소되거나 가치가 감소되는 것은 아니다. 천체지도와 전기 모터, 컴퓨터와 의약품도 낮의 과학이 선사해준 것이다.

예술도 낮의 과학의 원칙을 따른다. 각 예술 장르의 발전은 그 자체로 연구의 역사다. 대부분의 예술작품, 그리고 가장 걸출한 예술작품 중 몇몇이 가능성을 체계적으로 탐구한 덕분에 탄생했다.

요한 제바스티안 바흐는 기존의 바로크 작곡 기법만 사용했음에도 그의 작품은 유럽 음악의 정점으로 여겨진다. 동시대인들에게 바흐의 음악은 다소 구식으로 치부되었다. 실제로 바흐는 선배들이 고안한 기법에 단 하나의 새로운 기법도 더하지 않았다. 하지만 그는 전무후무할 정도로 그간 축적된 대위법, 반음계, 바로크 시대의 음악 기법들을 십분 활용했다.

바흐는 스스로를 '음악학'의 종으로 여겼다. 그의 작곡 방식은 굉장히 체계적이고 때로는 고집스러웠다.《평균율 클라비어 곡집》1권과 2권에는 한 쌍을 이룬 전주곡과 푸가가 24곡씩 실려 있다. 한 음씩 반음계로 올라가면서 장단음계를 모두 포괄하는 곡들이다. 바흐는《평균율 클라비어곡집》에서 동일한 형식으로 전주곡과 푸가의 가능성을 한껏 모색함으로써 후대의 작곡가들이 활용할 수 있게 했다. 루트비히 판 베토벤은 언젠가 이렇게 말했다. "작곡이 지지부진할 때마다《평균율 클라비어곡집》을 꺼냈다. 그러면 즉시 새로운 아이디어가 움텄다." 새로운 것을 고안한 사람이 아니라 가능성을 탐구한 사람이 가장 감동적인 음악을 탄생시킨 것이다.[4]

조형예술의 걸작 또한 탐구적 창조성에서 비롯되었다. 회화 가운데 가장 유명한 〈모나리자〉는 수수께끼 같고 신비한 얼굴 표정으로 명성을 얻었다. 하지만 이 그림을 그리기 전에 레오나르도 다빈치가 얼굴에 드러나는 감정 표현을 체계적으로 연구했다는 사실은 별로 알려져 있지 않다. 다빈치는 기괴한 초상화를 연속적으로 그리면서 유사한 형태와 과장된 형태를 계속 변형시켜 보았다. 심지어 모양에 따라 코를 체계적으로 분류하기까지 했

다. 코가 직선으로 뻗었는지, 동그란 모양인지에 따라 네 가지 기
본 유형으로 나누었고, 콧등의 굴곡 정도에 따라서도 형태를 구
분했다. 레오나르도 다빈치는 그런 식으로 표정을 보여주는 갖가
지 요소를 담아 도구상자를 마련했고, 덕분에 이전의 어떤 화가
보다 감정을 풍부하게 묘사할 수 있었다.

영국의 예술가이자 전시 큐레이터인 필립 로슨Philip Rawson
은 소묘에 대한 걸출한 저서에서 체스를 예술에 비유했다. 체스
와 예술 모두 규칙을 전제로 하여 이루어지는 것이라면서 체스

한 판 한 판, 예술작품 하나하나는 게임의 구조 안에 놓인 가능성을 실현하는 것이라고 했다. 하지만 한 가지 차이가 있다. "예술은 자신이 따르는 규칙을 끊임없이 변화시킨다"[5]는 것이다.

모든 시대, 모든 종류의 예술은 가능성을 탐구한다. 고딕 미술은 모든 장면을 2차원적 평면으로 환원시켜서 애니메이션과 비슷한 2차원적 그림으로 성서의 구원 이야기를 전하고자 했다. 르네상스 시대의 예술가들은 원근법을 적용하여 공간의 깊이를 탐구했고, 바로크 시대에는 일그러지고 들쭉날쭉한 형태와 빛이 자아내는 드라마틱한 효과를 탐구했다.

발견의 시기가 끝나면 대개 가능성은 고갈된다. 특정 개념에서 나올 만한 중요한 가설은 모두 발견된 것처럼 보인다. 이런 단계가 되면 예술은 새로운 가능성이 열릴 때까지 정체에 빠지고 위기를 맞는다. 이런 과도기는 대부분 세대교체와 맞물린다. 젊고 패기 어린 신세대가 등장하여, 더는 아무것도 말할 것이 없는 사람들이라면서 나이 든 사람들을 비난하고 아직 별로 연구되지 않은 콘셉트를 선전한다. 스스로 발견자가 될 수 있는 정신적인 지평을 말이다. 그렇게 또 몇십 년이 지나면 새로웠던 콘셉트도 충분히 탐구된 것처럼 보인다.

계속 급진적으로 스타일을 변화시켜서 여러 가능성의 지평을 탐구하는 예술가들이 화제가 되곤 한다. 대표적으로 파블로 피카소가 그런 예술가였다. 피카소의 작품들은 마치 20세기를 간

추린 미술사를 보여주는 듯하다. 청색시대에 피카소는 모노크롬의 가능성과 인간 존재의 어두운 면을 탐구했고, 이어지는 장밋빛 시대에는 새롭고 이상적인 그림 언어를 터득하여, 독특한 예술 세계를 선보였다. 입체주의 시대에는 원근법에서 탈피해 3차원적 공간을 묘사하는 기법을 탐구했고, 말년에는 대가들의 모티브를 새롭게 해석하는 일에 집중했다. 모든 단계가 고유의 가능성의 범위를 제공했고, 피카소는 이를 각각 수백 장의 소묘와 회화를 통해 탐구했다.[6]

다빈치가 제안한 창조성의 기술

탐구적 창조성의 어려움은 적절한 '선판단'을 선택하는 데에 있다. 새로운 해법을 발견하고자 한다면, 한편으로는 선판단을 포기해야 한다. 하지만 너무 많이 고심하다 보면 조망이 불가능한 가능성의 범위 안에서 길을 잃게 된다. 그러므로 우선 선판단을 통해 복잡함을 줄여야만 창조적 사고가 가능하다.

하지만 선판단은 창조적 사고를 가로막기도 한다. 선판단은 이미 굳어진 것이기 때문이다. 우리가 선판단을 포기하기 힘든 것은 진화적 과거에 원인이 있다. 자원이 제한되고 위험천만한 환경에서는 상상력이 부족한 것보다 방향성이 부족한 것이 더 위험하다. 게다가 미지의 가설을 시험해보는 데에는 에너지가 든다. 그러므로 늘 같은 길을 가는 것이 더 편하고 안전하다. 하지만 그러다 보면 가능성의 범위 가운데 상당 부분이 아예 미지의 영역으로 남는다.

레오나르도 다빈치도 이미 이것을 알고 있었다. 다빈치는 초기 원고에서 "다양한 고안을 위해 정신을 자극하는 새로운 방법"이라면서[7] 그의 시대에 눈길 닿는 곳마다 있던 더러운 얼룩을 아이디어의 원천으로 활용할 것을 추천했다. "오염으로 얼룩진 벽을 들여다보면 (⋯⋯) 그 안에서 다양한 풍경들을 가늠할 수 있을 것이다. 갖가지 모양의 산, 강, 바위, 나무, 평원, 계곡, 언덕. 온갖 전투의 광경도 분간할 수 있고, 인물들의 생기 있는 몸짓이나 특이한 얼굴을 비롯한 무수한 것들을 분별할 수 있을 것이다. 그리고 이런 것들을 기꺼이 바람직한 형태로 되돌릴 수 있을 것이다." 다빈치는 "불 속의 재를 보는 것, 구름을 올려다보는 것, 진흙 속을 들여다보는 것"도 추천했다. 이런 방법들은 단순한 원칙에 근거한다면서 "어지럽고 어렴풋한 것들을 통해 정신이 새로운 고안을 위해 깨어난다"고 적었다.

레오나르도 다빈치는 회화, 지도 제작, 기계 스케치에서 새로운 가능성을 발견하기 전에도, 인체 해부학과 시각 현상을 연구하기 전에도, 비행기, 무대 장치, 로봇, 인공 심장판막을 고안하기 전에도 자신의 창조적 사고를 탐구했다. 앞에 소개한 문장들은 그가 경력을 쌓기 시작한 초기 밀라노에 머물던 시절에 쓰였다. 최초의 걸작인 〈최후의 만찬〉이 그려지기 한참 전이었다. 다빈치는 당시 이미 이성이 주어진 가능성을 모두 길어내지 못한다는 것을 뼈아프게 깨달았던 것이 틀림없다. 그렇게 보아야만 그의 조언을 이해할 수 있다. '새로운 방법'은 결국 예술가와 발명가에게 그들이 표현하고자 하는 대상에 대한 본보기를 제공해주지 못한다. 어지럽고 어렴풋한 것들을 관찰하는 것은 오히려 이성을 지금까지 소홀히 했던 가능성의 영역으로 쏘아 올려서 상상력에 날개를 달아주기 위함이다. 상상력은 환각을 유발하는 약물처럼 지각과 사고를 변화시킨다. 무작위적인 패턴은 연상을 불러일으킨다. 139페이지 그림에서 봤던 몇 안 되는 선처럼, 그런 패턴들은 상상력에 불을 지피는 불씨가 될 수 있다. 원래 문제와 전혀 관계가 없거나 아주 희미한 관계만 있는 암시라 할지라도 전에는 가능하지 않았던 아이디어를 불러일으킨다. 다빈치는 창조성의 기술을 묘사했던 것이다.

오늘날 우리는 이런 방법의 효과를 잘 알고 있다. 때로는 문제에 골몰하던 공간을 떠나는 것만으로도 충분하다. 문을 열고 신선한 공기 속으로 나가자마자 기적처럼 문제가 해결된다. 근대에 들어서면서 지적으로 막다른 골목에 몰린 예술가, 작가, 연구자들은 훌쩍 여행을 떠나곤 했다. 어떤 사람들은 다른 도시에 사는 동료들에게 배우기 위해 길을 나섰고, 어떤 사람들은 낯선 환경이 새로운 착상을 불러올지도 모른다는 희망에 홀로 여행을 떠났다. 그리고 놀랍게도 많은 사람이 희망을 이루었다. 레오나르도 다빈치를 존경했던 괴테는 2년에 걸친 자신의 이탈리아 여행을 "거듭남"이라 불렀다. 괴테가 이탈리아 여행을 하지 않았다면, 독일 문학의 최고 걸작 중 하나인 《파우스트》는 세상의 빛을 보지 못했을 것이다. 괴테는 자료를 수집하기 위해 이탈리아 여행을 갔던 것이 아니다. 그럴 필요도 없었다. 알프스 산맥을 넘기 위해 길을 나섰을 때, 이미 괴테는 《파우스트》, 희곡 《토르크바토 타소》와 《에그몬터》, 소설 《빌헬름 마이스터》에 필요한 자료들을 확보하고 있었음에도 몇 년이 지나도록 원고를 쓰지 못해 괴로워하고 있었다. 하지만 여행에서 돌아온 뒤에 갑자기 글이 써지기 시작했고 빠르게 작품들이 출간되었다. 그 외 희곡도 대여섯 편 더 발표했다. 다빈치의 "어지러운 것들"과 마찬가지로, 괴테에겐 여행 경험이 아이디어의 토대가 되는 자료라기보다는 이성에 날개를 달아주는 수단이었다.

체스의 교훈

체스로 돌아가보자. 얼마 전 체스는 고집스러운 선판단이 얼마나 발견을 방해하는지를 보여주는 인상적인 예가 되어주었다.

다른 어떤 것보다 가능성의 범위가 철저히 연구된 것이 바로 체스인데도 말이다.

최소 500년 전부터 사람들은 상대를 패배시킬 새로운 전략들에 대해 생각해왔다. 체스에 관한 책들도 쏟아져 나왔다. 체스의 오프닝, 즉 처음 열두 수는 어마어마하게 다양한 버전으로 연구되었으며 백과사전에도 실렸다. 프로그래머들은 체스 플레이어들이 고안하고 시험한 모든 가설을 컴퓨터에 입력했다. 기계도 경험칙을 필요로 하기 때문이다. 슈퍼컴퓨터조차도 논리적으로 게임의 모든 가능한 형태를 끝까지 다루어볼 만큼 빠르지는 않다.

그럼에도 슈퍼컴퓨터는 인간보다는 빠르게 결정한다. 1997년 IBM의 컴퓨터 딥블루가 세계 체스 챔피언인 가리 카스파로프Garry Kasparov와의 대결에서 이길 수 있었던 것도 그래서였다. 이후 어떤 체스 챔피언도 정식 시합에서 컴퓨터를 이기지 못했다. 이젠 스마트폰에서 실행되는 프로그램조차도 최고의 인간 체스 선수를 능가한다. 기계의 장점은 우리보다 선판단을 덜 필요로 한다는 것이다. 컴퓨터는 엄청나게 뛰어난 연산 능력으로 더 넓은 가능성의 범위를 탐색하기 때문이다. 인간 체스 챔피언은 게임이 어떻게 진행될지를 몇백 가지 버전으로 시험하는 반면, 보통의 체스 프로그램은 1000만 개 이상의 버전으로 시험한다. 하지만 한 경기에서 가능한 버전은 수조 개 이상이기 때문에 이 정도의 숫자는 아주 눈곱만큼밖에 안 된다. 그렇다면 어떤 버전을 고려하고 어떤 버전은 폐기해야 할까? 컴퓨터 역시 선판단을 근거로 선택할 수밖에 없고, 이런 경험칙은 인간에게서 넘겨받은 것들이었다. 얼마 전까지는 그랬다.

그러다 2017년 12월 구글 자회사가 새로운 유형의 컴퓨터를 선보였다. 바로 알파제로AlphaZero였다. 이 인공지능은 그간의 체스 컴퓨터와는 달리, 인간이 고안한 전략을 토대로 하지 않고 자신의 전략을 개발했다. 인간이 몇백 년간 체스를 두면서 고안하고 시험한 내용들은 알파제로에게 중요하지 않았다. 인간이 했던 체스 게임은 어느 것도 알파제로에 입력되지 않았다. 알파제로가 입력받은 것은 오로지 게임 규칙뿐이었다. 이런 최소한의 지식으로 무장한 알파제로는 자신을 상대로 수백만 번의 체스 경기를 치렀다. 알파제로의 어마어마한 계산 능력 덕분에 네 시간밖에 걸리지 않았다. 처음에 알파제로는 무작위로 수를 두었다. 하지만 어떤 수가 통하는지를 배우면서 네 시간 만에 자신의 선판단을 습득했고 그때부터 기존의 모든 체스 프로그램을 능가하게 되었다.

인간 체스 플레이어들은 알파제로가 기존의 경험칙을 거스르고, 뛰어난 체스 선수라면 모두 알고 있는 전략을 무시하는 것을 어리둥절하게 바라보았다. 알파제로는 자신의 중요한 기물들을 희생하고, 퀸을 체스판의 구석에 위치시켰다. 이런 수는 보통은 좋지 않은 것으로 여겨진다. 때로는 자신의 기물로 상대의 킹을 에워싸게 했다. 종종은 아이들처럼 아주 저돌적으로 나갔다. 하지만 알파제로는 번번이 이겼다. 이 인공지능의 개발에 참여했던 연구자 중 한 사람이자 세계 체스 챔피언을 꿈꾸며 체스 선수권대회에 참가한 적 있는 데미스 하사비스Demis Hassabis는 이 인공지능이 강한 것은 "더 이상 인간 지식의 한계에 갇혀 있지 않기 때문"이라고 자랑스럽게 말했다.

그렇게 알파제로는 탐구적 창조성을 발휘해, 체스의 오랜 역사 속에서 인간은 한 번도 가보지 못한 가능성의 영역으로 나아갔다.

사실 체스는 예술이나 과학, 또는 일상생활에 비해 엄청나게 단순하다. 그러므로 우리가 우리 문화의 가능성을 아직 충분히 활용하지 못하고 있음은 분명한 사실이다. 우리는 입구에 서서 눈앞에 펼쳐지는 미로에 놀라는 동굴 탐험가들과 비슷하다. 우리는 동굴 깊은 곳에서 어떤 미지의 공간들이 우리를 기다리는지 예측하지 못한다.

알파제로는 스스로 자신의 한계를 설정했다. 이 프로그램은 순수한 연산 능력으로 상대를 제압하지 않는다. 알파제로는 수를 둘 때마다 5만 개 정도의 가능성만을 고려한다. 인간 체스 선수보다는 500배 많은 계산을 하는 것이지만, 기존의 체스 컴퓨터 프로그램에 비하면 5000분의 1 정도에 불과한 계산을 하는 것이다.

그럼에도 알파제로가 기존의 체스 프로그램보다 나은 플레이를 하는 이유는 단지 사전에 더 적절한 선택을 하기 때문이다. 알파제로가 몇백만 번의 경기를 거치면서 '선판단'을 획득한 덕분에 가능한 일이다.

　조합적 창조성뿐만 아니라 탐구적 창조성도 경험을 토대로 한다. 조합적 창조성의 경우 기존 아이디어를 새로운 아이디어에 결합할 때, 경험이 소재가 되어준다. 탐구적 창조성의 경우 창조적 사고가 이미 존재하는 수많은 가능성의 범위를 탐구한다. 여기서는 경험만이 어떤 길로 가는 것이 좋을지, 어떤 길은 아예 가망이 없을지를 알려준다.

　경험이 창조적 발견의 전제임을 보여주는 여러 화가의 일화가 있다. 하지만 약 5만여 점의 스케치, 드로잉, 회화, 판화, 조각 작품을 남긴 파블로 피카소의 일화만큼 인상적인 것은 없을 듯하다. 어느 날 피카소가 파리의 공원에서 그림을 그리고 있었다. 그때 그곳을 지나가던 여행자가 피카소를 알아보고, 자신의 초상화를 그려달라고 부탁했다. 그러자 기분이 좋았던 피카소는 흔쾌히 그러겠다고 하고는 몇 분 뒤에 그녀에게 그림을 건네주었다. 감동한 여행객은 그림이 너무나 근사하고 자신의 개성을 잘 드러내고 있다면서 침이 마르도록 칭찬했다. 그러고는 얼마를 지불해야 할지를 물었다. 피카소는 "5000달러"라고 했다. 그 여행객은 고작 5분밖에 걸리지 않았으면서 어떻게 그렇게 비싼 값을 부를 수 있느냐고 흥분했다. 그러자 피카소가 대답했다. "아니요. 이 그림을 그리기 위해 내 전 인생이 필요했는걸요."

9장

규칙을 바꾼
창조자들

능력 있고 존경받는 음악가 살리에리는 모차르트의 천재성을 누구
보다 정확히 알아볼 수 있을 만큼 재능이 있었기에, (자신에게 그
런 천재성을 허락하지 않은) 하느님을 원망하고 저주할 수 있었다.
알지 못하는 사람(즉 경험이 없는 사람)은 독창성을 높이 평가하기
는커녕 깨닫지도 못한다.

– 마거릿 보든[1]

1917년 봄 뉴욕을 들썩이게 했던 이른바 빅 쇼Big Show를 그냥 인
상적이었다고만 표현하는 것은 상당히 약한 감이 있다. 행사장
자체가 이미 굉장한 주목을 끌었다. 손님들은 뉴욕의 초창기 마
천루에 초대를 받았다. 맨해튼 중앙역의 선로 위로 피렌체의 거
대한 궁전을 본뜬 그랜드 센트럴 팰리스가 위용 있게 솟아 있었

다. 4월 10일 이 건물이 개관하자 방문객들은 최고의 전시를 기대하며 다리를 건너 건물 안으로 물밀듯 밀려들어왔다. 약 1200명의 예술가가 이 전시에 작품을 출품했다. 뉴욕이 파리나 빈과 같은 세계적 문화 중심지를 앞서지는 못할지라도 최소한 그곳들에 버금가게 만들기 위해 이 쇼는 동시대의 예술 작업을 총망라해 보여주었다. 빅 쇼의 입장권을 구한 사람은 수준 높은 회화와 섬세한 소묘, 대담한 조각을 감상할 수 있었다. 아방가르드의 거장들도 작품을 선보였다.

그러나 이 전시회에서 가장 화제가 되었던 것은 파블로 피카소나 콘스탄틴 브랑쿠시가 아니었다. 관객, 비평가, 언론의 주목을 끈 것은 'R. 머트R. Mutt'가 출품한 작품이었다. R. 머트? 예술계를 훤히 꿰고 있는 사람도 처음 듣는 이름이었다. 무엇보다 아이러니한 것은 많은 이를 충격에 빠뜨린 이 작품이 정작 전시장에는 모습을 드러내지 않았다는 것이다. 머트라는 사람이 남성용 소변기를 마치 귀중한 조각작품이라도 되는 것처럼 받침대에 얹어서 출품했다는 이야기만 돌았다. 소변이 닿는 부분이 위를 향하도록 도기 재질의 소변기를 눕히고는 자신의 이름을 서명하고 '샘'이라는 제목을 붙였다는 것이었다. 정통한 소식통에 따르면, 이 소변기는 시중에서(물론 서명 같은 것은 없다) '베드퍼드셔'라는 이름으로 판매되는 모델이라고 했다.

심사위원단은 이 작품의 전시를 거부했다. 위원회는 이 오브제가 적절한 장소에서 목적에 맞게 쓰일 수 있을 것이라면서 여기에 무슨 예술성이 있느냐고 물었다. 거의 모든 비평가가 이런 견해에 동조했다. "〈샘〉은 저속하고 부도덕하다. 게다가 표절이기까지 하다. 결국 'R. 머트'가 직접 만든 작품이 아니지 않은가. 그가 유일하게 한 일이라곤 공장에서 대량생산된 물건 하나를 예술이라고 선언한 것뿐이다."

빅 쇼가 폐막되고 몇몇 내부자만 〈샘〉을 볼 기회를 얻었다. 아방가르드 사진가 앨프리드 스티글리츠Alfred Stieglitz는 이 오브제를 뉴욕에 있는 자신의 개인 화랑에 전시하고 사진을 찍었다. 이 사진을 본 사람들은 〈샘〉의 곡선에 마음을 빼앗겼다. 스티글리츠는 소변기 사진은 기적이라고 적었다. "사진을 본 사람들마다 아름답다고 느낀다. 정말로 아름답다. 오리엔탈한 분위기가 난다. 부처와 베일 쓴 여인의 만남이라고 할까."[2]

〈샘〉의 흔적은 스티글리츠의 사진에만 남았다. 그 오브제는 개인 화랑에 잠시 전시되었다가 쓰레기장에 버려졌기 때문이다. 'R. 머트'가 누구였는지는 아직까지도 미스터리다. 하지만 당시 뉴욕에서 활동했던 프랑스 화가 마르셀 뒤샹Marcel Duchamp이 소동의 주인공이었을 거라고 보는 견해가 일반적이다. 마르셀 뒤샹은 이전에도 자전거 바퀴를 예술작품이라 선언하고, 파리의 백화점에서 구입한 병걸이에 서명한 다음 자신의 작품으로 선보이는 등 눈에 띄는 행보를 이어오고 있었다.

뒤샹은 이런 행동이 예술 시장의 관례를 무시하는 것임을 공공연히 인정했다. 나중에 프랑스 대표로 네 번이나 체스 올림피아드에 출전하기도 했던 뒤샹은 취향이 좋다 나쁘다에는 관심이 없다고 했다. 자신은 눈에 아첨하지 않고 정신에 봉사할 것이라면서 "일반적인 물건도 예술가의 선택만으로 어엿한 예술작품이 될 수 있다"고 했다.[3] 하지만 〈샘〉에 대해서는 아무 말도 하지 않았기에, 샘을 출품한 사람이 정말 뒤샹이었는지에는 일말의 의심이 남아 있다. 폴란드 포모제 출신의 다다이스트dadaist 엘자 폰 프라이타크-로링호펜Elsa von Freytag-Loringhoven이 소변기를 출품했다고 보는 미술사가들도 있다.[4] 엘자 폰 프라이타크-로링호펜은 뉴욕에서 남작부인으로 통했는데 뒤샹이 "남작부인이 미래다"라는 수수께끼 같은 말을 하기도 했다는 것이다.

어쨌든 〈샘〉은 미래지향적이었다. 조각품으로 변신한 소변기는 현대 예술의 신호탄이 되었다. 500명으로 구성된 영국의 전문가 위원회는 〈샘〉이 20세기 미술에서 가장 중요한 작품이라는 결론을 내리기도 했다. 현재 파리의 퐁피두센터에서 런던의 테이트갤러리까지 세계의 내로라하는 여덟 개의 미술관에 잃어버린 원본의 복제품이 전시되어 있으며, 사람들은 여전히 예술이란 무엇인가에 대해 열띤 토론을 하고 있다.

하지만 분실된 변기가 지난 100년간 미술사에 끼친, 그리고 현재도 끼치고 있는 영향은 아무도 부인할 수 없을 것이다. 〈샘〉

은 팝아트, 플럭서스Fluxus, 개념미술, 미니멀리즘 같은 예술 조류와 무수한 예술가들의 작품에 지대한 영향을 끼쳤다. (R. 머트가 출품한 것을 작품이라 부를 수 있다면) 이 작품이 없었더라면 현대 미술의 컬렉션은 훨씬 빈약해졌을 것이다. 〈샘〉은 새로운 가능성의 지평을 열어주었고, 조형 예술가들은 오늘날까지도 이 지평을 탐구하고 있다. 그 결과는 모든 화랑에서 눈으로 확인할 수 있다. 화랑들에는 수프 캔으로 작업한 작품도 있고, 아마포를 칼로 죽죽 그어놓은 작품도 있다. 몸에 색을 칠하기도 하고, 디스플레이에 네온으로 작업하기도 하며, 퍼포먼스 비디오를 전시하기도 한다. 이런 예술을 어떻게 보든, 〈샘〉 이후 인류는 이전에 알지 못했던 표현의 형태를 활용할 수 있게 되었다.

설명할 수 없는 것들의 등장

뉴욕 사람들이 〈샘〉에 보였던 몰이해는 십분 이해할 수 있다. 새로운 것은 언제나 불편하다. 하지만 대부분의 새로운 것은 최소한 기존의 것들로 설명할 수 있다. 자동차는 모터 달린 마차이고, 로큰롤에서는 당대 컨트리 음악과 아프로아메리칸 음악의 뿌리가 느껴진다. 새로운 것들은 보통 생소하면서도 친숙한 것을 연상시킨다. 그것들은 조합을 통해 탄생했거나, 앞장에서 살펴보았듯이 기존 가능성의 범위 안에서 아직 탐구되지 않은 부분을 발견함으로써 탄생했기 때문이다.

하지만 〈샘〉은 완전히 다른 범주에 속했다. 〈샘〉은 수백 년 간 예술계에 통용되어오던 개념으로는 이해가 불가능했다. 오늘날 미술관들이 시중에서 판매되는 제품에 서명만 추가하여 받침대에 그럴듯하게 올려놓은 소변기를 중요한 작품으로 인정한다면 이는 미학, 저작권, 표현, 행위, 수공예 기술 같은 모든 전통적 기준을 부정하는 것이다. 〈샘〉 이후 예술은 더 이상 아름다울 필요가 없어졌다. 예술가들은 자신의 예술을 인정받기 위해 더 이상 특정 형식을 갖추거나 작품에 공을 들일 필요가 없다. 〈샘〉은 예술작품에 새로운 시금석을 놓았다. 이제는 특정한 오브제가 아니라 특정한 아이디어가 예술을 이룬다. 관찰자들이 그 생각에 반응하면 예술이 되는 것이다. 예술가의 일은 아이디어에 가장 적합한 표현 방식을 찾는 것이다.

자전거 바퀴, 병걸이, 소변기를 예술작품으로 전시하면서 마르셀 뒤샹은 기존 규칙을 폐기하고 새로운 규칙을 고안했다. 그리고 예술계는 약간 머뭇거리며 그의 뒤를 따랐다. 이런 종류의 창조성을 변혁적transformative 창조성이라 부른다.

어느 분야에든 드물게 기존의 것과 급진적으로 단절되는 새로운 아이디어가 태동하는 순간들이 있다. 이런 아이디어는 처음에는 거부당하지만 서서히 영향력을 키워 나간다. 20세기 초에는 이런 사건이 더 자주 일어났다. 앞서 말했듯이 프랑수아 자코브는 이런 사건을 '밤의 과학'이라 불렀다. 1905년에는 베른의 특허국에서 근무하던 알베르트 아인슈타인이라는 청년이 물리학의 토대를 완전히 뒤흔들었다. 아인슈타인은 연달아 발표한 네 편의 논문에서 공간과 시간은 관찰자에 따라 다르게 정의되며, 질량도 에너지의 한 형태라고 주장했다. 이것으로도 충분하지 않다는 듯, 빛은 입자로 이루어져 있고 모든 물체는 원자로 구성된다고 설명했다. 그렇게 새로운 물리학 개념들이 세상에 등장했다.

그로부터 2년 뒤에는 노력파 화가 파블로 피카소가 한 점의 그림으로 파리 화단을 충격에 빠뜨렸다. 피카소가 '아비뇽의 창녀들'이라고 부른 이 그림에는 거의 옷을 입지 않은 다섯 여인이 등장한다. 이 그림은 소재는 물론이고 형식도 관습을 탈피했다. 원근법은 해체되었고, 관찰자는 인물을 동시에 여러 방향에서 바라본다. 면은 산산조각 났다. 파리 아방가르드 그룹 중에 피카소와 친한 예술가들조차 이 작품에는 당혹스러워했다. 피카소가 붙인 제목보다 좀 더 점잖은 '아비뇽의 처녀들'이라는 제목으로 알려진 이 작품은 오늘날 회화 역사의 전환점으로 여겨진다.

아인슈타인의 이론이 과학에, 입체주의가 예술에 변혁을 일으켰을 즈음, 정치에서도 근본적으로 새로운 투쟁 방식이 개진되었다. 인도에서 젊은 변호사 모한다스 간디가 영국 식민 정부에 대항하는 저항 운동을 이끌었다. 그의 구호는 사람들이 예로부터 집단적으로 목표를 관철시키려는 경우에 동원하는 모든 논리에 배치되는 것이었다. 간디는 상대의 폭력에 똑같이 폭력으로 맞설 것이 아니라 비폭력으로 맞서자고 독려했다. 부당한 법에 불복종 하면서 무기를 들지 않고 저항하다 그냥 감옥에 가자고 했다. 간디의 아이디어는 사회적 투쟁의 규칙을 영원히 변화시켰다.

변혁적 창조성

변혁적 창조성은 아마도 인간 정신의 가장 놀라운 능력일 것이다. 이를 레벨 2의 창조성이라고 부를 수도 있다. 레벨 1의 창조성(탐구와 조합)은 기존의 것에서 나온다. 조합적 창조성과 탐구적 창조성은 우리가 아직 생각해내지 못했지만 언제든 생각해낼 수 있는 아이디어로 우리를 데려간다. 반면 레벨 2의 창조성 혹은 변혁은 우리가 기존의 개념을 뛰어넘어, 친숙한 세계상에서는 생각지 못했던 아이디어에 다다르게 한다.

전통적인 예술에서 R. 머트의 〈샘〉에 이르는 길은 직선이 아니었다. 시간과 공간은 불변이라고 여기는 사람은 알베르트 아인슈타인의 상대성이론을 이해할 수 없다. 돈과 권력에서 힘이 나온다고 확신하는 사람은 가난한 인도인들이 대영제국에 미쳤던 영향력을 이해할 수 없다.

변혁은 어떻게 가능할까? 급진적인 아이디어는 보통 위기 가운데 탄생한다. 기존의 가능성 안에서 더는 해결책을 찾을 수 없을 때 비로소 사람들은 그동안 통용되던 개념과 결별한다.

마르셀 뒤샹은 회화의 가능성이 고갈된 것처럼 보이자 오브 제로 실험을 시작했다. 1913년 그의 입체주의 회화 〈계단을 내려오는 누드〉가 뜨거운 논란을 불러일으키면서(미국의 루스벨트 대통령까지도 그 작품에 대해 이야기했다) 마르셀 뒤샹은 회화에 전혀 매력을 느끼지 못하게 되었다. 뒤샹은 "회화는 구시대의 것"이라고 주장했다. "회화는 에너지 낭비이며, 좋은 방법이 아니다. 실용적이지 않다. 이제 우리에게는 사진과 영화가 있다. 삶을 표현하는 다른 많은 방법이 있다." 그리고 그해 뒤샹은 자신의 첫 레디메이드ready-made('기성품'이라는 의미로서 모던아트에서는 오브제의 장르 중 하나다. 뒤샹이 1913년부터 예술로서 전시하기 위해 임의로 선택한 대량생산된 제품에 붙인 말이다 – 옮긴이)인 자전거 바퀴를 예술로 선언했다.

알베르트 아인슈타인은 물리학 이론과 실험 결과 사이의 모순을 해결하고자 했다. 고전 역학에 의하면 북쪽으로 쏜 빛은 동서 방향으로 쏜 빛보다 더 빨리 확산되어야 했다. 지구가 어마어마한 속도로 태양 주위를 공전하고 있기 때문이다. 하지만 실험에서 빛은 늘 같은 속도로 전진했다. 물리학자들은 몇십 년간 시공간에 대한 익숙한 사고의 범주에서 이런 모순을 설명해보고자 했다. 하지만 도저히 설명할 수가 없었다.

간디 역시 남아프리카공화국의 피지배 민족들이 식민 세력에 폭력적인 방법으로 투쟁했을 때 어떤 결과가 나타났는지를 번번이 목도했다. 1906년 4월 창으로 무장한 1500명의 줄루족 전사들이 점령 세력에 맞서 봉기했을 때도 끔찍한 유혈 사태가 빚어졌을 뿐만 아니라 이후 영국은 더욱 폭력적인 통치에 나서서 수천 명의 줄루족이 투옥되거나 추방당했다.

이성이 더는 익숙한 개념으로 답을 찾을 수 없을 때 위기가 생겨난다. 익숙한 개념이 통하지 않으면서 개념 자체가 의심받는다. 뒤샹은 위기 가운데에서 회화의 가능성을 모색하는 대신, 예술이란 무엇인가를 고민했다. 아인슈타인은 고전 역학으로 실험 결과를 설명하려는 노력을 그만두고, 근본적인 질문을 던졌다. 시간이 뭐지? 공간이 뭐지? 시간과 공간을 어떻게 측정할 수 있을까?

간디 역시 강함과 약함에 대한 모든 가정과 결별했다. 그는 영국에 무력으로 맞서는 것은 전망이 없을 뿐만 아니라 불필요한 일임을 깨달았다. 구금, 스파이 행위, 군대가 단기적으로는 통치권을 뒷받침해줄 수 있지만, 장기적으로는 민심을 얻는 쪽이 이긴다. 그렇다면 어떻게 민심을 얻어야 할까? 레벨 1의 창조성은 기존 문제를 해결하고자 하지만 레벨 2의 창조성은 문제를 정의한다.

레벨 2의 창조성에는 아이디어를 평가하는 일반적인 규칙이 통하지 않는다. 그래서 처음에는 레벨 2의 창조성이 제기한 질문들이 세상을 변화시키는 대단한 것인지, 아니면 말도 되지 않는 황당한 것인지를 분별하기가 불가능하다. 빛을 타고 여행하면 어떻게 될까라는 아인슈타인의 사고실험은 소변기를 예술로 선언하는 것과 마찬가지로 처음에는 굉장히 황당해 보인다. 간디는 영국의 소금법에 맞서 사람들과 함께 먼 길을 걷고 또 걸어 바닷가에 도착했다. 그리고 염전에서 한 줌의 소금을 집어 올렸다. 영국의 식민 통치에 이런 식으로 저항하겠다는 간디의 발상에 대해 처음에는 추종자들마저 비웃었다. 그러나 소금행진이 있고 17년 만에 인도는 독립했다.

물리학 혁명이 가져온 변화

레벨 1과 2의 창조성은 비슷한 정신적 과정을 토대로 한다. 그러나 레벨 2의 창조성은 더 높은 차원의 해결책으로 나아간다는 차이점이 있다. 레벨 1의 창조성은 질문에 대한 대답을 최대한 직선 코스에서 찾고자 한다. 반면 변혁은 기존의 판을 초월한다. 변혁적 창조성은 개념을 만들어내고자 한다. 즉 이성을 위한 연장을 얻고자 한다. 레벨 2의 창조성은 그렇게 세상에 대한 표상을 바꾼다.

지난 세기에 물리학계에서 일어났던 혁명은 레벨 2의 창조성인 변혁이 어떻게 진행되고, 어떤 영향을 미치는지를 보여주는 좋은 예다. 1900년에서 1935년 사이에 개진된 새로운 사고의 결과는 정말 엄청난 것이었다. 그것은 우리의 세계상뿐만 아니라 거의 모든 삶의 영역을 송두리째 바꾸어놓았다. 새로운 물리학은 인류에게 컴퓨터, 인터넷, 태양전지, 달 착륙, 원자폭탄, 게놈의 해독, 빅뱅에 대한 지식을 선사했다.

누가 이런 발전을 예언할 수 있었을까? 20세기 초 연구의 최전선에 있던 학자들조차도 그 변혁이 얼마나 강력할지는 고사하고 변혁 자체를 예상하지 못했다. 오히려 그들은 이제 물리학에서 굵직한 이론은 모두 발견되었고 더 이상 새로운 이론은 나오지 않을 것이라고 확신했다. 미국의 물리학자 앨버트 마이컬슨Albert Michelson은 1894년 한 강연에서 "근본적인 대원칙들은 튼튼히 정립되었다"면서 "앞으로는 물리학의 진리를 소수점 여섯 번째 자리에서 모색하게 될 것"이라고 했다. 하필이면 마이컬슨이 기존의 이론을 그렇게 굳건히 신뢰했다는 사실이 놀라울 뿐이다. 마이컬슨은 광속 측정으로 나중에 노벨상을 받았을 뿐만 아니라 아인슈타인의 상대성이론에 토대를 놓아주었기 때문이다.

물리학자들이 원자의 세계에 접근하기 시작했을 때, 여러 모순이 드러나기 시작했다. 20세기의 문턱에서 과학자들은 물질이 입자로 구성되어 있다고 추측했다. 그 입자가 뭔지는 아직 까맣게 모를지라도 말이다. 반면 빛은 파동이라고 여겼다. 이런 생각들에는 그럴 만한 이유가 있었다. 가령 광선을 중첩시키면, 물속에서 물결이 만날 때와 같은 패턴이 생겼기 때문이다.

하지만 1902년 광전효과라 불리는 현상이 질서를 깨뜨렸다. 보라색 광선을 금속판에 쪼였을 때 금속판에서 음전하를 띤 입자들인 전자들이 튀어나왔던 것이다. 이상하게도 전자들은 보라색 광선에만 반응했다. 붉은빛, 초록빛, 노란빛에서는 효과를 관찰할 수 없었다. 더욱 수수께끼 같은 점은 이런 현상이 빛의 밝기와는 전혀 상관이 없다는 것이었다. 아주 은은한 램프빛도 보라색이기만 하면 강력한 전조등을 비출 때와 똑같은 에너지로 전자를 퉁겨 나오게 했다.

상식적으로도, 고전 역학으로도 도무지 이해되지 않는 일이었다. 빛이 파동이라면, 밝기는 파고에 해당한다(바닷가에 가본 사람은 익히 알듯이 높은 파도가 더 강력하다). 우리 눈에 색깔로 보이는 것은 파동의 길이다. 빨간 전조등은 길고 높은 파동을 보내, 쓰나미를 일으킨다. 그러나 은은한 보랏빛 조명의 납작하고 짧은 파동이 금속에서 입자를 튀어나오게 하는 이유는 뭘까? 쓰나미는 흔적 없이 지나가는 반면 잔물결은 왜 이런 엄청난 일을 일으키는 것일까?

1905년 여름 알베르트 아인슈타인은 선구적인 논문에서 광전효과를 설명했다. 그는 광전효과를 기존의 익숙한 이미지로 설명하지 않았다. 물리학자들이 상상하던 빛의 개념은 현실을 오도하는 것이 분명했다. 아인슈타인은 새로운 개념을 고안했다. 광선은 "마치 서로 독립적인 에너지 양자로 이루어진 것처럼" 행동한다고 아인슈타인은 적었다. 에너지는 꾸러미로 도착한다.

그로써 문제는 해결되었다. 보라색 광선은 커다란 꾸러미, 붉은색 광선은 작은 꾸러미였다. 양자라고 불리는 이 꾸러미들은 파동이 아니라 입자의 성질을 갖는다. 아인슈타인에 따르면 이 꾸러미들은 "나뉘지 않고 운동하며, 전체로서만 흡수되고 생성된다". 정말 혁명적인 생각이었다. 빛을 입자들의 소나기로 묘사하는 것은 수백 년 된 표상을 희생시키는 일이었다. 변혁은 기존 세계상에서 당연하게 받아들여지던 전제들을 의심한다. 변혁은 확신을 흔들고 불안을 야기한다. 이 경우에도 그랬다. 아인슈타인의 이론이 빛은 광양자라고 말한다고 해서 예전에 빛이 파동임을 증명해주었던 실험들이 무용지물이 되는 것은 아니기 때문이다. 그리하여 아인슈타인 덕분에 광전효과의 모순은 해결되었지만 새로운 모순(어떤 경우에는 빛이 입자처럼 움직이고, 어떤 경우에는 파동처럼 움직이는 것을 의미한다 - 옮긴이)이 생겨났다.

아인슈타인의 이론은 자못 헷갈렸다. 그러나 이후 10년간 물리학자들은 이 이론이 어떤 이점을 갖는지를 알아차렸다. 가령 빛이 왜 스펙트럼선을 갖는지도 에너지 양자를 통해 이해할 수 있었다. 기체에서 나오는 빛은 모든 색깔이 고르지 않고, 좁은 띠 모양의 특정한 색깔만을 보여준다. 이때 각각의 스펙트럼선은 그 기체의 원자가 방출하는 에너지 꾸러미, 즉 양자에 따라 달라진다. 학자들은 정해진 궤도에서 원자핵을 도는 전자들이 궤도를 바꾸면서 양자를 방출하거나 흡수하는 것으로 상상했다. 이것이 그 유명한 '양자 도약'이다. 아인슈타인이 촉발한 변혁은 전에는 생각하지 못했던 개념들을 탄생시켰다.

하지만 전자들이 왜 하필 이런 궤도에서 운동하는 것인지는 아무도 설명하지 못했다. 학자들은 몇십 년간 이 문제를 해결하기 위해 골머리를 싸맸다. 그러다 1923년 아인슈타인은 자신의 우편함에서 파리에서 도착한 박사 논문 하나를 발견했다. 한 젊은이의 박사 논문을 보고 혼란에 빠진 동료가 보내온 것이었다. 유서 깊은 프랑스 귀족 가문 출신인 루이 드브로이Louis Victor de Broglie 가 제출한 논문이었다. 드브로이는 그 논문에서 자신이 전자의 궤도 문제에 대한 해결책을 찾았다고 주장했다.

하지만 드브로이의 해결책은 좀 당황스러운 것이었다. 드브로이는 전자를 입자로 생각하는 대신, 전자, 아니 모든 물질을 파동으로 상상해야 한다고 주장했다. 그러면 물질파의 파장으로 양자 도약을 설명할 수 있다는 것이었다. 이로써 궤도에 대한 질문은 해결된다면서 파동은 공간 안에 확산되어 있는 것이 틀림없다고 했다. 아인슈타인은 이전에 광전효과를 논하면서 빛의 파동을 입자로 보는 이론을 제시했었다. 그런데 이제 드브로이가 입자를 파동으로 선언했던 것이다. 물리학의 개념은 그렇게 다시 한번 뒤집어졌다.

자연은 그 어느 때보다 기이해 보였다. 아인슈타인과 드브로이는 빛을 입자로, 물질을 파동으로 봐야만 중요한 질문에 대답을 찾을 수 있음을 보여주었다. 그런데 정확히 반대의 조건을 요구하는 실험들도 있었다. 이런 실험들은 이전처럼 빛을 파동으로, 물질을 입자로 봐야만 설명되었다. 그렇다면 자연의 구조를 어떻게 설명해야 한단 말인가? 변혁은 개념을 찾아내고자 한다.

현실을 묘사하기에는 기존의 언어가 충분하지 않은 것이 분명했다. 물리학은 설명의 한계에 부딪혔다. 그리하여 변혁의 마지막 결정적인 단계로, 이제 새로운 언어를 정립할 수밖에 없었다. 물리학의 새로운 언어를 만든 것은 당시 겨우 스물네 살이었던 괴팅겐 출신의 베르너 하이젠베르크Werner Heisenberg와 그보다 약간 연상인 오스트리아 출신 동료 에르빈 슈뢰딩거Erwin Schrödinger였다. 1925년에 둘은 서로 독립적으로 세계에 대한 완전히 새로운 묘사를 발견했다. 각각의 대상을 규정하기보다는 서로의 연관성에서 출발하는 묘사였다.

새로운 묘사 덕분에 모순은 해결되었다. 어떤 연관에서 관찰하느냐에 따라 빛과 물질은 파동으로 보이기도 하고 입자로 보이기도 한다. 실제로 빛과 물질은 파동과 입자 중 하나가 아니다. 하이젠베르크와 슈뢰딩거는 빛과 물질을 '상태'라 부르며, 수학적 상징으로 표시했다. 이런 언어는 일상어로는 충분히 옮길 수 없다. 그래서 수학 공식을 활용한다. 일상에서 익숙한 논리는 통하지 않는다. 하나의 상태는 어떤 것의 존재인 동시에 비존재로 묘사될 수 있다. 입자는 무로부터 물질화될 수 있고, 복사파로 변할 수도 있으며, 벽을 통과할 수도 있다. 우리의 생각이 일상의 경험과 개념에 매여 있는 한, 이런 사건들을 상상하기는 힘들다. 하지만 그런 것들은 실재한다. 양자의 세계도 자연법칙을 따른다. 하지만 그 자연법칙은 새로운 언어로만 표현된다.

R. 머트의 〈샘〉이 레오나르도 다빈치의 회화와 거리가 멀듯, 양자물리학은 감각적 경험뿐만 아니라 기존 역학과 거리가 멀었다. 그렇게 양자역학은 독자적인 가능성을 열었고 그 안에서 미래를 위한 아이디어가 탄생했다.

아인슈타인과 후배 물리학자들은 양자이론으로 세상을 이해하고자 했을 뿐, 세상을 바꾸려고 했던 것은 아니다. 하지만 그로부터 100년이 지나자 물리학 변혁은 우리 삶에 커다란 영향을 미치게 되었다. 보통 사람들은 거의 의식하지 못하지만 오늘날 우리가 누리는 많은 것이 지금으로부터 불과 3세대 전에 언어의 한계에 절망하며 새로운 언어를 고안했던 이들 과학자들 덕분에 가능해졌다. 또한 오늘날 우리 사회를 변화로 이끄는 많은 것이 이들 연구자들의 지적 욕구에서 비롯되었다. 양자이론은 인간이 물질의 섬세한 구조를 변화시켜서 자신의 두뇌를 돕는 도구를 만들도록 이론적 기반을 마련해주었다. 그리하여 인간은 전자기기, 컴퓨터, 인터넷을 만들고 인공지능을 프로그래밍할 수 있게 되었다. 새로운 물리학은 4차 사고 혁명을 가능하게 했고, 우리는 현재 이 혁명의 한가운데 있다.

4부
창조적 사고의 미래

10장

예 언 과
현 실

세기말이 되면, 말의 사용이 (……) 크게 달라져서 모순 없이 정확하
게 생각하는 기계에 대해 이야기할 수 있게 될 것이다.

－앨런 튜링

인공지능의 예언자는 달갑지 않은 아이였다. 그녀의 어머니는 딸
의 기질을 의심했고, 유명한 시인이었던 아버지 바이런George Gor-
don Byron경은 그녀의 성별을 못마땅해했다. "영예로운 아들"을 고
대했던[1] 바이런 경은 원래는 오거스타라는 이름을 지어주었던
이 아기를 "짧고, 오래되고, 모음이 풍부한 이름"인 에이다Ada라
고 부르는 것으로 그나마 위로를 삼았다. 하지만 아버지가 아이
에게 준 것은 그 이름뿐이었다. 1815년 12월에 태어난 아이가 생

후 5주쯤 되었을 때 부모는 헤어졌다. 에이다의 어머니 애나벨라 밀뱅크Annabella Milbanke는 바람둥이 시인 바이런을 정신병자로 몰았다. 바이런의 행각이 런던 사교계에 물의를 일으키면서 그는 영국을 떠나 영영 돌아오지 못할 방랑길에 올랐다.

에이다를 맡은 어머니는 딸이 아버지의 광기를 물려받을까 봐 걱정했다. 그리하여 밀뱅크는 바이런의 시에 녹아들어 있고 과거 자신에게도 자주 찾아오곤 했던 낭만적 감정 과잉 상태가 아이에게 발현되지 않도록 당시로서는 상당히 특이한 교육을 했다. 수학에 흥미가 있었던 밀뱅크는 에이다가 글을 배우자마자 수학과 과학 분야에서 최고의 가정교사들을 모셔 왔다. 지적인 열망과 사실 지향적인 엄격한 교육이 딸의 감정을 다스려줄 것이라 기대했던 것이다. 하지만 열여섯 살의 에이다가 가정교사와 사귄다는 소문이 나면서 밀뱅크의 희망은 물거품이 되었다. 이어 다른 연애 스캔들이 잇따르자 밀뱅크는 에이다가 결혼한 뒤에도 한참 동안이나 그녀에게 도덕적 가르침을 줄 가정교사를 고용했다.

한편 에이다는 과학에 큰 관심을 보여, 이미 열두 살에 증기를 동력으로 하는 비행기를 설계할 정도였다. 그로부터 5년 뒤에는 어느 저녁 파티에서 평생 학문적 자극을 주고받을 사람을 만나게 되었다. 파티를 주재한 사람은 부유한 은행가의 상속자이자 천재적인 발명가인 찰스 배비지Charles Babbage였다. 그는 당시 영국 정부의 재정 지원을 받아 증기를 동력으로 하는 거대한 계산 기계를 만들고 있다고 했다. 기관차 크기의 계산기계는 복잡한 연산을 최고의 수학자보다 빠르고 정확하게 해내고, 연결된 인쇄기를 통해 계산 결과를 종이에 인쇄한다고 했다.

에이다는 찰스 배비지에게 그 기계를 보여달라고 했다. 그러고는 이틀 뒤에 어머니와 함께 배비지의 집을 찾아갔다. 모녀는 어안이 벙벙해서 둥근 기둥 모양의 금속 기계를 바라보았다. 높이가 아래팔 길이 정도에 불과한 기계였는데, 안에는 놋쇠로 만든 수천 개의 톱니바퀴와 축, 실린더가 돌아가고 있었다. 밀뱅크는 한 편지에 흥분한 어조로 자신이 정말로 "생각하는 기계"를 보았다고 썼다. 그러고는 그 기계는 세제곱수를 계산해내고 제곱근도 구할 수 있다고 덧붙였다.[2]

이날부터 에이다는 그 기계에 매혹되었다. 기계가 인간의 이성을 따라잡을 수 있을까, 아니 어쩌면 능가할 수 있을까? 2년여 뒤에 귀족과 결혼한 에이다는 (몇 년 뒤에 러블레이스 백작 작위를 받게 되는) 남편을 왕립학회에 가입시켜서 자신에게 필요한 책을 구해 오게 했다. 여성이 도서관에 드나들거나 대학에 입학하는 것이 금지되던 시대였다. 셋째아이를 낳은 뒤에는 런던대학교의 수학 교수에게 개인 교습을 받았다. 그리고 무엇보다 배비지와 학문적 친분을 쌓아갔다.

얼마 뒤에 배비지는 더욱 야심찬 새 프로젝트에 몰두하게 되었다. 에이다 러블레이스가 전에 본 계산기계는 몇몇 수학적 연산을 실행할 따름이었지만 새로운 기계는 거의 모든 것을 계산할 수 있다고 했다. 배비지가 '해석기관'이라고 이름 붙인 이 기계는 회전하는 실린더로 구성된 기억장치를 지닐 것이고, 결정을 내리는 메커니즘을 갖출 것이라고 했다. 배비지는 엄청나게 복잡한 설계도를 그렸다. 하지만 아무도 해석기관에 관심이 없었고, 아무도 그 프로젝트를 이해하지 못했다. 에이다 외에는.

"저는 정말 열심히 공부하고 있어요. ……마치 악마처럼요." 1843년 7월 에이다가 배비지에게 보낸 편지의 첫머리에는 그렇게 적혀 있다. 이 편지에서 에이다는 중요한 함수를 계산할 수 있는 베르누이 수를 통해 해석기관의 가능성을 연구할 것이라고 밝혔다. 그러고는 몇 달 뒤에 커다란 종이 몇 장에 정리한 표들을 공개했다. 표에는 공식, 명령, 변수가 적혀 있었다. 이것은 바로 정교하게 맞물리는 일련의 명령문, 즉 결과가 도출될 때까지 해석기관이 반복해서 돌려야 하는 제어문들이었다. 러블레이스는 역사상 최초의 컴퓨터 프로그램을 작성했던 것이다.

그러나 그런 알고리즘을 실행할 수 있는 기계는 그녀의 머릿속과 배비지가 계속 개선해나가던 설계도에만 존재했다.[3] 에이다는 단순히 인간에게서 힘든 계산을 덜어줄 기계만이 아니라 그 이상의 것을 원했다. 그녀는 해석기관이 인간이 생각할 수 있는 모든 문제를 해결해줄 거라고 보았다. 에이다 러블레이스는 해석기관을 자카드 직조기(발명가의 이름을 붙였다)에 비유했다. 그 직조기가 직물의 패턴을 천공카드로 프로그래밍하는 것처럼, 배비지 역시 천공카드로 자신의 기계를 프로그래밍하고 있다는 것이었다. 에이다는 그 원칙을 시적으로 표현했다. "자카드 직조기가 꽃과 잎을 짜는 것처럼 해석기관은 대수 패턴을 짠다."

그녀는 대수 패턴을 임의의 대상들 간에 임의의 관계로 짜인 망으로 이해했다. 그 기계는 이런 망을 상징으로 표현하여 분석할 것이다. 상징은 수, 물체, 인간 등 모든 것을 나타낼 수 있기 때문에 기계는 원칙적으로 "우주의 모든 대상"을 다룰 수 있다고 에이다 러블레이스는 썼다. 가령 이 자동기계는 "복잡하고 방대한 곡을 임의로 작곡할 수 있다"면서 음높이와 화음 사이의 관계를 적절한 상징으로 옮기면 된다고 했다.

혁명적인 통찰이었다. 모든 생각은 관계를 다룬다. 관계를 명확히 하고 관계를 만들고자 한다. 이런 기본 작업은 사고의 내용과 무관하다. 음악을 작곡하든 그래픽을 디자인하든 텍스트를 작성하든 수학 방정식을 풀든 상관없이 이성은 이런 기본 작업을 활용한다. 에이다는 이런 작업에 기계를 활용할 수 있을 거라고 생각했다. 아직 컴퓨터라는 말도 존재하지 않던 시대였지만 그렇게 그녀는 수, 이미지, 음, 철자를 처리할 기계를 꿈꿨다. 그리고 만능 컴퓨터의 가능성을 예견했다.

에이다는 인간의 생각마저도 해독하고자 했다. "내가 보기엔 뇌를 구성하는 물질이 별이나 행성 같은 물질 또는 그것들의 운동보다 수학자들이 접근하기 힘든 대상인 것 같지는 않다. 잘만 접근한다면 말이다." 그녀는 자신만만하게 그렇게 쓰고는 "내가 (……) 신경계에 대한 분석을 남길 수 있었으면 좋겠다"고 했다.[4] 아마도 뇌는 기계와 별다르지 않을 것이었다.[5]

지적인 기계의 등장

만능 컴퓨터에 대한 에이다의 비전은 이루어졌다. 오늘날 책상마다 그런 기계가 놓여 있다. 바지주머니에는 언어 명령을 이해하고, 문자메시지를 보내고, 이미지를 다룰 수 있는 기기가 들어 있다. 이 모든 기기는 해석기관의 원칙에 따라 작동한다. 찰스 배비지가 톱니바퀴, 천공카드, 실린더로 해내려던 과제를 이젠 전기회로가 해결할 따름이다. 전자공학만이 에이다의 상상력 밖에 있었다. 전자공학은 20세기 후반 인간이 물질 구조를 제어할 수 있게 해준 새로운 물리학 개념들로부터 출현했다.

에이다 러블레이스가 기대했듯이, 컴퓨터는 거의 모든 과제를 떠맡을 수 있다. 컴퓨터는 자동차를 운전하고, 주식을 매매하고, 대출을 해주고, 데이트 사이트에서 커플을 맺어준다. 비행기를 조종하여 대양을 건너게 하고, 뉴스와 오락거리를 제공해주고, 공장에서 로봇을 움직여 제품을 만들어내고, 우주와 인간의 유전자를 분석해준다.

해석기관 원칙에 따라 만들어진, 그러나 그보다 훨씬 성능 좋은 수천억 개의 프로세서들이 오늘날 전 세계에서 활용되고 있다. 정확히 얼마나 많은 프로세서가 있는지는 아무도 모르며, 그 수는 빠르게 불어나고 있다. 인터넷 주소의 양으로 신중하게 추정해볼 수는 있다. 1990년에는 전 세계 인터넷 망에 몇천 개의 기기가, 2000년에는 몇억 개의 기기가 연결되어 있었다. 10년 후에는 인터넷 망에 연결된 기기가 지구상의 인구수를 능가했다. 2020년에는 전 세계적으로 인터넷을 통해 데이터를 교환하는 프로세서가 지구인 1인당 여섯 개 이상으로 늘어났다.[6] 이제 컴퓨터는 500억 대 이상이고, 디지털카메라나 세탁기 같은 전자제품에 장착된 프로세서는 그보다 몇 배나 많다.

컴퓨터가 곳곳에서 쓰이면서 4차 사고 혁명이 일어났다. 4차 사고 혁명은 인간이 일하는 방법, 인간의 공동생활, 의사소통, 여가를 깡그리 바꾸고 있다. 무엇보다 이 혁명은 우리의 자의식을 변화시키고 있다. 에이다의 두 번째 비전이 오늘날 중요하게 대두되고 있기 때문이다. 우리의 생각을 컴퓨터의 기능과 같은 논리로 묘사할 수 있으리라는 추측 말이다. 이런 가정이 맞는다면, 우리 머릿속에서 진행되는 모든 과정에 기계가 수행하는 과정을 대응시킬 수 있을 것이다. 그렇다면 무엇이 인간 정신의 유일무

이한 것, 인간 정신만이 지닌 독보적인 것으로 남을 수 있을까? 에이다 러블레이스는 인간의 사고를 대치하거나 심지어 능가할 수 있는 기계의 등장을 예언했었다. 오늘날 그런 기계는 '인공지능'이라는 약간 불명확한 개념으로 불린다.

1965년 영국의 수학자 어빙 존 굿Irving John Good은 에이다의 생각을 이어받아, 깊은 숙고 끝에 "지능의 폭발적 발전"을 예언했다. 하지만 폭발적으로 발전할 지능은 유감스럽게도 우리의 지능이 아닐 거라고 했다. 엄청나게 똑똑한 기계들이 주도권을 넘겨받을 거라고 했다. 굿은 "그런 기계를 제작하는 일 역시 이런 지적 능력에 속하기 때문에 엄청나게 똑똑한 기계는 더 똑똑한 기계를 만들 수 있다"면서 "최초의, 엄청나게 똑똑한 기계가 인간이 만들 마지막 발명품일 것"이라고 경고했다. 인간을 능가하는 슈퍼 지능이 출현하면(이런 사건을 '특이점singularity'이라 칭한다) 인간의 창조적 사고는 별 볼 일 없는 것이 되어버리고, 인간의 역사는 끝날 것이다. 스스로 발전하는 기계가 세계를 움직일 것이고, 호모사피엔스는 그런 기계가 하는 일을 이해하지 못할 것이다. 그러면 우리는 그런 기계를 신처럼 느끼게 될 것이다.

굿이 이런 글을 남겼을 때, 인간 두뇌와 같은 능력을 발휘하는 컴퓨터는 유토피아적으로 보였다. 1965년 거대한 계산기(컴퓨터)는 여전히 천공카드로 프로그래밍되었고, 메모리 용량은 16킬로바이트에 불과했다. 오늘날에는 스마트폰에 내장된 손톱만 한 메모리카드의 용량만 해도 그 100만 배에 달한다. 인간의 기억에 저장된 정보를 담으려면 그런 메모리칩이 10만 개 내지 100만 개는 있어야 한다. 최근의 추정에 따르면 뇌 용량은 최소 1페타바이트에 이르기 때문이다.[7] 오늘날 스마트폰은 대략 개미의 두뇌 용량과 맞먹는다.

그동안 대형 컴퓨터는 인간 뇌의 연산 능력을 따라잡았고 마침내 추월해버렸다. 2018년 미국 테네시주의 오크리지 국립연구소에 설치된 슈퍼컴퓨터가 최초로 이런 경계를 허물었다. '서밋Summit'이라는 이름의 이 슈퍼컴퓨터는 메모리가 10페타바이트 이상이라서 인간 뇌의 용량을 아무리 넉넉하게 잡는다 해도 인간 뇌보다 더 많은 정보를 다룰 수 있을 뿐만 아니라 우리의 뉴런보다 더 빠르게 정보를 처리한다. 이 기계의 연산 속도는 엑사플롭스를 넘어선다. 1엑사플롭스는 1초당 100경 번의 연산이 가능한 성능이다. 그리고 이제 그보다 연산 능력이 뛰어난 컴퓨터인 '후가쿠'가 2021년 일본에서 정식 가동을 시작했다.

미래학자들의 예측이 맞아떨어진 것이다. 인간 뇌의 성능에 맞먹는 컴퓨터가 출현할 것이라고 했던 레이 커즈와일Ray Kurzweil의 예측이 2019년에 실현되었다.[8] 간혹 논란의 대상이 되곤 하는 미국의 발명가이자 작가인 레이 커즈와일은 20세기가 끝나는 시점에 그런 예측을 했다. 컴퓨터의 가격과 규모만이 예측을 빗나갔다. 그는 그런 컴퓨터는 가격이 약 4000달러 정도일 것이고 방에 설치할 수 있을 거라고 예측했지만, 사실 서밋은 2억 달러의 가격에 큰 방을 가득 채운다. 커즈와일은 우리 두뇌보다 더 빠른 연산 능력을 갖추고 더 많은 데이터를 저장할 수 있는 컴퓨터가 가동되면 몇 년 안에 초지능이 출현할 것이라고 예측했다. 그러면 인간은 기계에 턱없이 밀려나는 상황이 되기에 인간의 지성이 창조성으로 빛나는 시대는 끝날 거라고 했다.

광학 문자 인식 기술을 발명한 커즈와일은 한편으로는 대담한 예언으로 인해 비판의 도마에 오르곤 했다. 자신이 죽으면 시신을 액화질소에 얼려두었다가 미래에 발전된 기술로 자신의 뇌에 저장된 정보를 컴퓨터에 업로드함으로써 자신의 정신이 데이터세트 형태로 영원히 존재하게 하겠다고 공언한다는 점도 그에 대한 신뢰도를 깎아먹는 요소다. 그러나 인공지능이 인류를 위협할 거라고 경고하는 것은 커즈와일만이 아니다.

2015년에는 세계를 선도하는 컴퓨터 과학자 150명이 인공지능의 발전을 경고하는 공개서한을 발표했다. 빌 게이츠와 스티븐 호킹도 우려를 표명했다. 인공지능에 관한 가장 유명한 교과서를 집필한 스튜어트 러셀Stuart Russell은 인공지능 기술의 위험성이 핵무기에 버금간다면서 인공지능이 인류를 파멸로 인도할 수 있다고 했다.

튜링의 이론

인공지능이 인간을 불필요한 존재로 만들까? 이를 위한 기술적 전제는 어마어마한 메모리 용량을 가진 빠른 컴퓨터다. 그런데 그런 컴퓨터는 지금도 존재하므로, 다음과 같은 질문을 던질 수 있을 것이다. 기계가 인간의 두뇌에서 일어나는 모든 활동을 수행할 수 있을까? 생각한다는 것은 도대체 무슨 의미일까?

에이다 러블레이스는 미래에 기계가 인간의 두뇌와 경쟁할 수도 있다고 예측했다. 하지만 그녀에겐 자신이 던진 질문을 더 정확히 연구할 시간이 없었다. 1852년 에이다는 불과 36세의 나이에 자궁암으로 유명을 달리했기 때문이다. 이후 그녀가 남긴 지적 성취는 잊혔다. 지적인 기계에 대한 비전은 현실과는 너무 거리가 멀어 보였다.

그 뒤 80년 정도가 지나고 나서야 비로소 젊은 영국 수학자가 그 명맥을 새롭게 이어받았다. 앨런 튜링, 그는 예전의 에이다 러블레이스와 마찬가지로 아직 존재하지 않는 기계를 꿈꾸었다. 그렇다고 새로운 기술을 만들어내려고 했던 것은 아니다. 불과 24세의 나이에 그는 그보다 더욱 야심찬 목표를 추구했다. 바로 생각 자체를 이해하는 것이었다.[9]

에이다가 해석기관에서 출발하여 인간의 정신을 이해하고자 했다면, 튜링은 반대의 길을 걸었다. 튜링은 '컴퓨터'를 모범으로 삼았다. 1936년에는 종이와 연필로 단순 계산을 하는 (대개 여성인) 계산원들을 컴퓨터compute+er라고 불렀다. 튜링은 이제 이런 활동의 본질이 무엇인지 자문했다. 인간 컴퓨터들을 대신할 장치는 어떤 모습이어야 할까?

튜링은 굉장히 단순한 해결책을 발견했다. 종이 테이프, 읽기 헤드read head, 펜이 바로 그것이었다. 종이가 정보를 저장하고, 읽기 헤드가 해독하고, 펜이 그것을 변화시킨다. 간단한 조종으로 읽기 헤드와 펜이 종이 테이프 위에서 좌우로 왔다 갔다 하면서 각각의 기호를 대치하게 하면 된다. 튜링은 이런 단순한 기기가 인간이 하는 모든 계산을 수행할 수 있다고 주장했다. 그의 기계가 그렇게 살아 있는 컴퓨터, 즉 계산원과 같은 능력을 발휘할 수 있는 것이다. 그것이 바로 컴퓨터였다.

오늘날 튜링기계 이상의 성능을 발휘하는 자동계산기를 만드는 것은 기본적으로 불가능한 일로 여겨진다. 어쨌든 지금까지 어느 누구도 튜링기계를 넘어서는 컴퓨터의 이론적인 가능성조차 보여주지 못했다. 그리하여 현재 존재하는 모든 컴퓨터는 기껏해야 튜링기계의 또 다른 버전, 혹은 여기에 미치지도 못한다.[10] 컴퓨터에서 종이 테이프는 하드디스크, 구동장치, 데이터 저장소로 대치된다. 읽기 헤드와 펜 대신에 전자회로가 정보를 처리한다. 그러나 이런 사실은 중요하지 않다. 종이, 펜, 인내심만 있으면 컴퓨터가 할 수 있는 모든 것을 우리도 해낼 수 있다.

튜링은 두뇌도 기계 중 하나로 보았다.[11] 결국 자신의 원칙은 어떤 기기가 죽은 물질로 구성되어 있는지 살아 있는 물질로 구성되어 있는지와 무관하게 작동한다면서 말이다. 수학자의 추상적인 눈으로 보면 모든 컴퓨터는 동일하다. 튜링의 이론은 인간의 이성을 과소평가하는 것이 아니다. 오히려 튜링의 이론은 인공지능을 지나치게 과대평가하는 것을 경고한다. 기본적으로 인간 이성이 할 수 없는 것은 기계도 결코 할 수 없다. 기계는 우리보다 빠른 연산 능력을 갖추었을 뿐이다.

철학자 루트비히 비트겐슈타인Ludwig Wittgenstein은 "튜링기계는 계산하는 인간"이라고 했다.[12] 반대로 튜링은 "종이, 연필, 지우개를 들고 엄격한 규칙을 따르는 인간은 만능 컴퓨터"[13]라고 했다.

튜링은 스스로 만능 기계의 역할을 맡아 동료와 게임을 하기도 했다. 1948년 여름 튜링은 한 동료와 함께 역사상 최초로 컴퓨터 게임을 만들기 시작했다. 하지만 당시의 거대한 계산기로는 '튜로챔프Turochamp'라는 이름의 이 체스 프로그램을 도저히 실행할 수 없었다. 계산기가 적절한 시간 안에 계산을 해내기에는 튜로챔프가 너무 복잡했기 때문이다. 그리하여 튜링은 다년간의 작업 끝에 스스로 컴퓨터 역할을 맡기로 했다. 그는 꼼꼼하게 튜로챔프의 알고리즘대로 답을 구한 뒤 체스를 두었다. 그 바람에 한 수를 두는 데 대략 30분의 시간이 소요되었다. 동료를 상대로 게임을 한 기록이 하나 남아 있는데, 그 경기에서 튜로챔프(혹은 튜링)는 29수 만에 게임에서 지고 말았다.

인간은 기계와 다르게 기능하기 때문에 인간과 기계의 인지적 활동을 서로 비교할 수는 없다는 주장은 가상의 만능 튜링기계가 등장하면서 무력화되었다. 물론 컴퓨터는 감정이 없고, 의식적이거나 인간적인 경험을 할 수도 없다. 하지만 튜링은 내면의 과정이 아니라 결과가 중요하다고 했다. 이후 인간이 기계보다 우수하다고 말하는 사람은, 인간은 해결할 수 있지만 기계는 기본적으로 해결하지 못하는 문제의 예를 들어야 했다.[14]

현대의 컴퓨터과학은 튜링의 아이디어를 토대로 한다. 그러나 튜링은 그가 고안한 만능 컴퓨터가 전 세계에 확산되는 것을 보지 못했다. 2차 대전 때 독일군의 암호를 해독하여 연합군의 승리에 혁혁한 공을 세웠던 튜링은 1952년 법정에 서야 했다. 죄목은 바로 '중대한 부도덕'이었다. 검사는 튜링을 동성애 혐의로 기소했다. 당시 영국의 형법은 동성애를 중대한 범죄로 규정하고 있었다. 유죄를 인정한 튜링은 징역형을 선고받은 뒤, 징역형 대신 화학적 거세에 해당하는 성호르몬 치료를 선택했다. 하지만 이런 조치는 그를 깊은 우울증으로 몰아넣었고, 1954년 7월 그는 청산가리에 중독된 시신으로 발견되었다. 그의 시신 옆에는 먹던 사과가 나뒹굴고 있었다. 튜링은 사과에 청산가리를 주입하여 자살한 것이 틀림없었다. 튜링의 나이 41세였다. 2017년에야 런던

의회는 튜링을 포함해, 동성애로 처벌받았던 4만 9000명의 남성을 사면하는 법을 통과시켰다.

역사상 가장 위협적인 초상화

튜링이 보여주었듯이, 컴퓨터는 (명령을 따르는) 완벽한 군인들이다. 하지만 창조적일 수도 있다. 8장에서 소개했던 체스 프로그램 알파제로는 1000년이 넘는 체스 역사상 인간은 한 번도 사용한 적이 없는 전략으로 상대를 제압했다. 알파고가 선보인 수는 더 인상적이었다. 알파제로의 선배인 알파고는 아시아의 보드 게임인 바둑을 둔다. 바둑은 체스의 두 배가 넘는 2500년 이상의 역사를 자랑하는, 세계에서 가장 복잡한 전략 게임이다. 바둑에는 우주에 있는 모든 원자를 합친 것보다 더 많은 경우의 수가 있다. 바둑판 위에서 검은 돌과 흰 돌로 기발한 패턴을 만들어내는 바둑의 마이스터는 전략가가 아니라 오히려 예술가의 정체성을 지닌다. 그들은 최고의 수가 직관에서 나온다고 말한다. 그러니 기계가 어떻게 그것을 따라잡을 수 있을까?

2016년 3월 알파고 프로그래머들은 세계 랭킹 선두를 달리는 한국의 프로 바둑기사 이세돌에게 도전장을 냈다. 수백만의 시청자들이 이 경기를 지켜볼 것이었다. 이세돌은 시합에 앞서 자신이 당연히 이길 것이고, 아직은 인간이 컴퓨터보다 나을 거라고 말했다.

이 대국의 한 수는 전설이 되었다. 두 번째 판의 오프닝이 끝나갈 무렵 알파고가 바둑돌을 바둑판의 다섯 번째 줄 가운데에 놓는 것이 아닌가. 물론 이런 수를 둘 수는 있었다. 그러나 그 수는 대개 초보자도 두지 않을 정도로 불리하게 여겨지는 수였다. 중계방송의 해설자들은 구글이 돈을 많이 들여 개발한 인공지능에 문제가 있는 것이 아니냐며 당혹감을 감추지 못했다. 이세돌은 당황한 나머지 말없이 대국장을 떠나 15분 후에야 다시 모습을 드러냈다. 사실 이 수는 그 판을 알파고의 승리로 이끈 결정적인 수였다. 하지만 그런 사실은 100수 이상을 더 둔 다음에야 비로소 드러났다. 알파고는 그 황당해 보이는 술책으로 우세를 점했다. 그러나 그 시점에 상대는 그런 사실을 알아차리지 못했고, 더는 형세를 만회하지 못했다. 나중에 이세돌은 무엇 때문에 자신이 그토록 당황했는지를 설명했다. "저는 알파고가 확률 계산으로 경기에 임한다고 생각했어요. 그냥 기계일 뿐이라고요. 그런데 그 수를 본 순간에 생각이 달라졌죠. 알파고는 단연 창조적입니다."[15]

이후 유명해진 이 37번째 수는 창조성의 모든 기준을 충족시키는 것이었다. 이 수는 새로웠고(진지하게 바둑을 두는 플레이어라면 절대로 그런 선택을 하지 않았을 것이다), 놀라웠고(알파고는 인간 기사가 이런 생각을 할 확률을 1만분의 1 이하로 계산했다), 유용했다. 그 수는 그때까지 아무도 생각하지 못했던 새로운 가능성을 열었고 바둑 게임을 영원히 바꾸었다. 최초의 영향은 이세돌과의 네 번째 판에서 이미 나타났다. 알파고가 바둑을 두는 방식이 그의 생각을 해방시킨 것처럼 이세돌은 굉장히 특이한 수를 두었다. 여기서도 프로그램은 인간이 그런 결정을 내릴 확률이 1만분의 1에 미치지 못하는 것으로 계산했다. 이에 열광한 한국 해설자들은 이세돌이 "신적인" 착상을 해냈다며 칭송했다. 이세돌은 알파고와의 시합 가운데 유일하게 그 판에서 승리했다. 이후 인간이 알파고에게 이긴 적은 한 번도 없었다.

한국기원 역시 알파고에게 명예 9단 단증을 수여하면서, 알파고를 "입신의 경지"라고 평가했다. 하지만 당시 최고 성능을 자랑한 이 인공지능조차 단지 튜링기계일 따름이다. 알파고가 수행하는 모든 연산은 기본적으로 종이 테이프와 연필로 구성된 기기도 해낼 수 있는 일이다.

그렇다면 기계의 풍부한 착상은 어디에서 연유하는 것일까? 기계는 정교한 알고리즘, 엄청난 계산 속도, 어마어마한 저장 공간을 갖추고 바둑의 가능성을 철저히 탐구한다. 인간은 2500년의 역사에서 결코 그 정도로 광범위한 가능성을 탐구하지 못했다. 지금까지 알려지지 않은 해법을 발견하기 위해 기존 가능성을 토대로 탐구하는 창조성을 탐구적 창조성이라 부른다. 8장에서 살펴보았듯이 새로운 아이디어는 대개 탐구적 창조성에서 나온다. 이 창조성은 기본적으로 지적인 탐색 전략을 필요로 한다. 사람들은 탐구적 창조성이 발휘되는 순간을 직관의 결과로 경험한다. 하지만 그 배후에는 기계도 실행할 수 있는 알고리즘과 경험이 숨어 있다. 따라서 계산과 상관없는 신비로운 과정을 통해 문제 해결에 이르렀다고 생각한다면 오산이다. 우리는 단지 자신의 탐구 전략을 의식하지 못한 것뿐이다.

기계는 인간보다 빠르게 해결책을 모색할 수 있게 되자마자 탐구적 창조성에서 인간을 앞설 가능성이 높다. 제약회사들은 이런 이점을 누리기 위해 새로운 제약 성분을 발견하는 일에 인공지능을 투입하고 있다. 예술가들은 컴퓨터를 프로그래밍하여 음악을 작곡하기도 하고, 그림을 그리기도 한다. 그리하여 소위 제너레이티브 아트Generative Art라는 장르가 탄생했다.

2018년 10월 컴퓨터가 창작한 그림이 뉴욕 크리스티 경매에 최초로 나왔다.[16] 그 전해에 레오나르도 다빈치의 그림을 거의 5억 달러에 팔았던 크리스티는 무표정한 젊은 남자의 초상화를 황금색 프레임에 넣어 선보였다. 어딘가 모르게 18세기 초상화의 분위기가 나고, 언뜻 게르하르트 리히터Gerhard Richter의 초상화도 연상시키는 그림이었다. 카탈로그의 설명에 의하면 이 그림은 에드몽 드 벨라미Edmond de Belamy의 초상이라고 했다. 하지만 에드몽 드 벨라미라는 이름을 가진 사람은 존재하지 않았다. 그림의 아래쪽 서명란에는 작품을 탄생시킨 인공지능 알고리즘을 표현하는 수학 공식이 적혀 있었다. 이 그림은 감정가의 45배에 달하는 43만 달러 이상의 금액에 낙찰되었다. 에이다의 예측이 실현된 것일까? 기계가 수학 공식에 따라 창조를 하고, 인간이 거기에 예술작품의 지위를 부여한 것이었다. 판매 대금은 파리에서 컴퓨터과학을 전공하는 대학생과 그의 두 친구로 구성된 '오비어스Obvious'라는 예술 단체의 계좌로 들어갔다.

예상대로 비판의 목소리가 터져 나왔다. 오래전부터 회화 작업에 컴퓨터를 활용해온 예술가들은 파리의 예술 단체가 '오비어스('뻔하다'라는 뜻도 가지고 있다)'라는 이름에 딱 맞는 예술작품을 만들었다고 평했다. 에드몽 드 벨라미의 초상화는 정말 재미없는 그림이라면서 프로그래머들이 이미 구닥다리가 되어버린 소프트웨어로 제작했으니 그런 진부한 작품밖에 더 나오겠느냐고 했다.

저널리스트들은 이 일을 계기로 컴퓨터를 활용한 예술에 반기를 들었다. 가장 목소리를 높인 것은 영국 〈가디언〉지의 비평가 조너선 존스Jonathan Jones였다. 그는 "이 얼마나 끔찍하고 몰취미하고 무미건조하고 영혼 없는 작품인가. 이것은 인간 본성에 깃든 모든 창조성을 희화한 것에 지나지 않는다"면서 기계가 만든 작품은 단순히 "영리한 실험실 모델"에 불과하다고 주장했다. 그는 "예술은 언제나 인간적인 것이다. 그렇지 않으면 결코 예술

● **그림 13** 인공지능이 그린 가상의 인물 에드몽 드 벨라미의 초상. 서명란에는 초상화 창작에 활용된 공식이 적혀 있다.

이 아니다"[17]라고 단언했다.

존스는 우리가 인간적이라고 여기는 것이 변하고 있음을 잊은 것일까? 불과 몇십 년 전까지만 해도 체스나 바둑에서 높은 경지를 이루는 것이 인간 정신의 위대한 승리 중 하나로 여겨졌다. 그러나 오늘날 우리는 그런 게임에서 한계를 실감하고 있다. 이제 체스나 바둑의 챔피언들은 특정 상황에서 얼마나 자주 인공지능과 같은 선택을 할 수 있는가로 평가받는다. 호모사피엔스가 이런 상황을 만회할 수 있을 것 같지는 않다.

존스는 인간 예술가들의 평판과 수입도 걱정되었던 듯하다.

컴퓨터가 제작한 초상화가 성공적으로 판매되면 앞으로 기계가 예술 시장을 장악하게 될지도 모른다는 우려는 전혀 엉뚱한 발상이 아니다. 하지만 존스가 그런 격한 목소리를 낸 것은 인간의 창조성이 중요성을 잃어버리지 않을까 하는 깊은 두려움 때문이었다.

에드몽 드 벨라미의 초상화가 이런 예측에 어떤 단초를 제공한 것일까? 물론 컴퓨터가 그림을 구상하고 작업을 했다. 경매회사의 보도자료는 이 초상화가 "인간 정신의 산물이 아니"라고 보란 듯이 밝혀두었다.

그러나 그 말이 사실일까? 컴퓨터가 연산으로 그림을 만들어내기 전에, 오비어스의 세 청년이 서구 초상화의 역사를 컴퓨터에 입력했었다. 데이터세트는 14세기부터 20세기까지 그려진 1만 5000점의 회화로 구성되었다. 에드몽 드 벨라미를 그린 프로그램 역시 인간이 작성한 것이다. 원래 이 프로그램은 현재 구글에서 근무하는 미국 출신의 컴퓨터과학자 이안 굿펠로Ian Goodfellow가 설계한 것이었다. 그의 성인 굿펠로를 프랑스어로 번역하면 '벨라미'가 된다. 따라서 기록적인 가격에 낙찰된 이 그림이 "인간 정신의 산물이 아니"라는 말은 틀린 것이다.

이윤을 창출한 오비어스의 실험은 인간의 창조성을 위협하는 것이 아니다. 이 작업은 오히려 인공지능 혼자서는 할 수 있는 일이 얼마나 없는지를 보여준다. 에드몽 드 벨라미의 초상화는

2단계에 걸친 탐구적 창조성에서 탄생한 작품이다. 1단계에는 기존의 가능성 안에서 아직 가지 않은 경로까지 샅샅이 탐색하는 과정을 거쳤다. 이런 가능성의 범위는 초상화의 규칙에서 나온다. 인공지능은 이런 탐색에 단연 강하다. 그러나 2단계에는 새로운 해결책을 평가해야 한다. 창조성은 결국 새롭고 놀라울 뿐만 아니라 가치 있는 결과를 제공하는 능력이기 때문이다. 그리고 여기서 인공지능은 빠르게 한계에 부딪힌다.

우리는 무엇을 가치 있게 여길까? 때로 그 답은 분명하다. 체스나 바둑에서는 승리가 중요하다. 신약 개발에서도 무엇이 가치 있는지는 확실하다. 병원균을 죽이거나 증상을 완화시키거나 고통을 줄여주는 성분이 좋은 것이다. 이런 과제의 경우 인공지능이 잘할 수 있다. 그러나 어떤 문제들의 경우 무엇이 가치 있는지는 그리 명확하지 않다. 인공지능 프로그램이 예술적 가치가 있는 그림을 그리게 하려면 어떻게 목표를 설정해야 할까? 맛있는 것이 무엇인지 정의하기 어려운 상황에서 컴퓨터가 어떻게 요리 레시피를 개발할 수 있을까? 인공지능을 활용하여 이론을 정립하려는 학자는 어떻게 기계에게 자신이 무엇을 찾는지를 설명해줄 수 있을까? 연구자 자신도 모르는데 말이다.

창조적 사고가 추구하는 단 한 가지

컴퓨터는 판단에는 젬병이다. 컴퓨터에게 보는 것을 가르치는 건 어려운 일이다. 인간은 눈으로 한번 본 대상을 쉽게 분간해낸다. 인간은 호주의 관악기인 디저리두의 사진을 보고 나면, 한번도 디저리두의 실물을 본 적이 없다 해도 이후 다른 사진에서도 금세 알아볼 것이다. 사진마다 약간 다르게 나와도 매번 디저리두를 알아볼 수 있는 이유가 무엇인지는 모르지만 말이다. 마찬가지로 음악평론가도 어떤 음악작품을 걸작으로, 또는 시시한 것으로 만드는 기준이 무엇인지 명확히 제시하지 못한다. 그들은 무의식적인 기준에 따라 결정한다.

인간은 쉽게 해내는 이미지 식별이 컴퓨터에겐 엄청난 도전이다(그래서 인터넷에서 횡단보도와 노란 스쿨버스 같은 멍청한 사진으로 우리를 짜증나게 하는 캡차CAPTCHA는 인간과 컴퓨터를 구분해주는 확실한 방법에 속한다). 오랫동안 이미지 인식은 극복할 수 없는 기술적 장애물로 여겨졌다. 그러다가 2010년 이후 인공신경망이 획기적으로 발전했다. 인공신경망은 인간 두뇌의 연상 작용과 신경망을 본뜬 프로그램이다. 인공신경망에 사진을 제시하는 동시에 거기서 무엇을 인식해야 할지 학습시킴으로써 인공신경망이 입력된 정보를 바탕으로 원하는 답변에 이르도록 훈련시킨다. 우선 인공신경망에 충분한 디저리두의 이미지를 입력하면, 이어 인공신경망이 스스로 디저리두를 알아보는 것이다. 그러나 인공신경망은 디저리두가 무엇이고 어디에 쓰이는지, 어떤 특성을 갖는지 결코 이해하지 못한다. 훈련에 쓰인 사진들과의 유사성을 토대로 대상을 찾아낼 뿐이다.

여기서 문제는 인공지능의 학습 속도가 느리다는 것이다. 인간은 아무리 어리다 해도 단번에 디저리두를 스위스의 알펜호른이나 보통 막대기와 구분한다. 그러나 컴퓨터는 그런 판단을 하기까지 훨씬 더 오래 걸린다. 컴퓨터는 수만에서 수백만 개의 다양한 이미지를 훈련 데이터세트로 입력받아야 한다. 그래서 인공지능의 이미지 인식은 구글이나 페이스북 등의 서버에 수십만 장의 사진이 축적된 후에야 비로소 가능해졌다. 우리는 우리 두뇌가 기계보다 훨씬 더 효율적으로 학습하는 이유를 알지 못한다. 인간은 항상 의미를 찾는 반면 인공신경망은 그저 피상적으로 과제에 임하기 때문일 수도 있다. 인공신경망은 단지 유사성만 확인하는 것이다.

사진에서 대상을 알아보는 것은 비교적 쉬운 일이다. 그보다 훨씬 어려운 것은 어떤 그림의 예술적 가치, 새로운 요리의 맛, 학문적 이론의 적합성을 판단하는 과제다. 오늘날의 기술로는 그런 결정을 내리는 것이 불가능하다. 에드몽 드 벨라미의 초상을 만들어내는 컴퓨터에 예술적 가치나 의미 같은 카테고리는 낯설다. 컴퓨터는 자신의 데이터뱅크에 있는 작품들과 비슷한 그림을 만들어내도록 프로그래밍되어 있을 뿐이다. 그 결과물은 숙련되지 못한 눈에는 그럴듯해 보인다. 프로그램에 입력한 미술사 관련 자료의 많은 특성이 얼핏얼핏 엿보이기 때문이다.

다른 예술가들은 이런 조악하고 관습적인 초상화 프로그래머들보다 더욱 적극적으로 자신의 예술에 컴퓨터를 활용한다. 아직 누구도 보지 못한 새로운 작품을 창조하기 위해서다. 그러나 인공지능이 멀리 나아갈수록 인간이 그 과정에 더욱 강하게 개입해야 한다. 컴퓨터는 제안만 할 뿐, 자신이 내놓은 결과물의 가치를 판단할 수 없기 때문이다. 따라서 기계는 회화를 새로운 지평으로 인도하지 못한다. 프로세서 안에는 티치아노도 렘브란트도 숨어 있지 않다. 컴퓨터는 오히려 이런 대가들의 작업장에 고용된 사람들처럼 작업한다. 마이스터가 지시하는 것만 실행하고 변화시키는 것이다.

인공지능이 인간을 위협할 거라고 경고하는 사람들은 기계가 인간을 다스리는 미래를 그리면서, 대개 컴퓨터가 인간보다 뛰어난 지능을 갖게 될 것이라는 점을 근거로 든다. 우선 인공지능이 인간의 지능을 넘어서고, 두 번째로 창조성을 발휘하게 되며, 마지막 세 번째로 자신의 목표를 추구하게 되면 특이점이 도래하여 기계가 세상을 다스리게 된다는 것이다.

이 세 가지 강력한 가정들은 거의 언제나 한꺼번에 언급된다. 마치 두 번째, 세 번째 가정이 첫 번째 가정, 즉 점점 더 성능 좋은 컴퓨터가 개발될 거라는 가정에 필연적으로 뒤따라올 것처럼 말이다. 하지만 세 가지 가정은 구분해야 한다. 이를 위해 세 가지 가정을 질문으로 바꿔보자. 첫째, 기계는 우리 두뇌보다 성능이 좋아질까. 둘째, 기계가 정말로 새로운 것을 고안할 수 있을까. 셋째, 인공지능은 우리의 의도를 따를 것인가, 아니면 자신의 의도를 따를 것인가. 중요한 것은 컴퓨터가 인간과는 상관없이 독립적으로 아이디어를 낼 수 있어야만 인간의 지성이 위험에 처할 거라는 점이다.

에이다 러블레이스도 이미 이를 인식하고 있었다. 그녀는 대담한 비전을 펼쳐 보였지만, 기계가 창조적 능력을 갖게 되리라고는 생각하지 않았다. 그녀는 음악을 작곡하는 계산기계는 예견했지만, 자신과 찰스 배비지가 고안한 해석기관이 스스로 창조성을 발휘할 거라고는 생각하지 않았다. 에이다는 "해석기관은 우리가 명령한 모든 것을 실행"하겠지만 "스스로 뭔가를 만들어내지는 않는다"고 했다.

설사 인공지능이 자신의 아이디어를 판단할 수 있게 된다 해도 세상을 근본적으로 바꾸는 데까지는 이르지 못할 것이다. 컴퓨터는 탐구적 창조성에 속한 과제들을 어느 정도 맡을 수 있을 것이다. 알파고가 그랬듯이, 명확한 목표에 도달하기 위해 기존의 가능성 안에서 지금까지 발견하지 못했던 해법들을 찾아낼 것이다. 우리는 곧 기계가 만든 광고 영상을 보고, 컴퓨터가 합성한 알약을 삼키며, 컴퓨터가 작곡한 노래를 듣게 될 것이다. 그럼에도 기계는 도구로 남아 있을 것이다. 기계는 우리의 탐구적 사고를 뒷받침하고, 우리의 사고에 새로운 지평을 열어줄 것이다. 하지만 인간의 정신을 대신할 수는 없을 것이다.

가장 높은 차원의 창조성에 대해서는 인공지능과 관련하여 더더욱 할 말이 없다. 변혁의 기술은 규칙을 토대로 하지 않으며, 특정 목표를 추구하지도 않는다. 변혁적 창조성은 기존 목표를 포기하고 새로운 목표를 발견한다. 규칙을 파괴하고 자신의 규칙을 정립한다. 역사상 가장 큰 영향력을 발휘한 착상들은 그렇게 생겨났다. 알베르트 아인슈타인은 300년 전에 정립된 뉴턴 역학을 뛰어넘어 물리학에 새로운 개념을 선사했다. 베토벤이 교향곡 5번을 쓸 때만 해도 멜로디가 아닌, 네 개의 리듬감 있는 천둥소리로 교향곡을 시작한다는 것은 상상할 수조차 없는 일이었다. 마르셀 뒤샹은 자신의 레디메이드를 통해 예술은 숙련된 솜씨로 뭔가를 만들어내는 것이라는 기대를 영원히 불식시켰다.

기계가 아무리 똑똑해져도 그런 방향 전환을 할 수 있을까? 프로그램은 주어진 명령만을 수행할 뿐이다. 그들은 특정 문제를 해결하기 위해 만들어진 것이지, 새로운 문제를 만들어내기 위해 만들어진 것이 아니다. 그러므로 고전 물리학의 방정식을 연구하도록 만들어진 컴퓨터가 뜬금없이 상대성이론을 발견하는 일은 결코 일어나지 않는다. 청동 인체 조각을 디자인하도록 프로그래밍된 컴퓨터가 소변기를 조각작품으로 선언하는 일은 일어나지 않는다.

인간만이 자신이 교육받은 것이나 경험한 것으로부터 떨어져 나올 수 있다. 그 이유는 두뇌가 컴퓨터와 기본적으로 다르게 작동하기 때문은 아니다. 구조는 다르지만 인간의 두뇌가 컴퓨터와 비슷한 원리에 따라 정보를 처리하는 기계임을 뒷받침해주는 증거들이 많다. 두뇌는 튜링기계와 비슷하게 기능한다.

단, 두뇌는 아주 다른 목적을 추구한다. 두뇌는 5억 년 이상의 진화를 거치면서 유기체의 존속과 번식에 기여하도록 발달해왔다. 이것이 인간의 지성과 기계 사이의 결정적인 차이다. 컴퓨터는 문제 해결, 두뇌는 생존에 초점이 맞추어져 있다.

튜링기계처럼 두뇌도 한 가지 목표를 추구하도록 프로그래밍되어 있다. 그러나 보드게임에서 이기고, 증권을 거래하고, 자동차를 운전하고, 엘리베이터 음악을 작곡하는 등 특별한 과제를 수행하는 컴퓨터와는 반대로, 두뇌는 굉장히 일반적인 목표를 추구한다. 두뇌의 작동 원칙은 생존과 번식에 도움이 되는 모든 행동은 유익하다고 보는 것이다. 반면 생존과 번식에 위협이 되는 모든 것은 피해야 한다고 여긴다.

진화에 의해 두뇌는 이 두 가지 원칙을 철저히 따르게 되었다. 이들 원칙에 따라 행동하기 위해 우리에겐 신호가 주어졌다. 바로 감정이다. 우리는 자신의 경험이나 행동을 두려움, 분노, 슬품, 행복으로 평가한다. 어떤 상황이나 결정이 생존의 기회를 줄이는 경우 부정적인 감정이 우리에게 경고를 한다. 생존에 유리한 상황은 긍정적인 감정으로 표시해준다. 따라서 감정은 생존에 꼭 필요한 것이다. 감정이 우리의 행동을 조종함으로써[18] 우리의 이성은 컴퓨터보다 훨씬 더 유연하게 기능한다. 진화의 원칙과 감정이 틀을 놓아주면, 우리는 그 안에서 하고 싶은 일을 거의 모두 할 수 있다(심지어 틀도 바꿀 수 있다. 인간은 자신의 번식과 생존이라는 원칙에 위배되는 행동도 할 수 있다).

인간을 인도하는 것은 삶 자체의 원칙들이다. 신진대사를 유지하고 몸을 재생하는 능력도 여기에 속한다. 이런 원칙 중 그 어떤 것도 컴퓨터에는 적용되지 않는다. 컴퓨터에는 특정한 목표가, 반면 우리에겐 자유가 프로그래밍되어 있다.

그리하여 우리는 더욱 이롭거나 단순히 더욱 흥미로워 보일 때에도 원래 하려던 것에서 벗어나 다른 것을 추구할 수 있다. 변혁적 창조성은 이렇게 우선순위를 변경하는 과정에서 나온다. 거듭되는 실패와 오랜 내적 싸움 끝에 기존 규칙에 따라 해법을 모색하는 것을 포기하고, 대신에 문제를 다른 시각으로 보기 시작한다. 이 일이 잘되면 새로운 가능성이 열린다. 그러면 전에는 거의 생겨날 수조차 없었던 질문이 제기된다. 알베르트 아인슈타인은 빛이 어떻게 우주를 통과할까라는 수수께끼와 마주했을 때 질문을 비틀어 빛의 확산을 통해 공간과 시간을 설명했다. 마르셀 뒤샹은 전통적인 회화에 질린 나머지 예술의 본질 자체를 탐구하기 시작했다.

변혁을 이루는 열쇠는 지능이라기보다는 자율성이다. 감정은 우리에게 의도를 변화시킬 자유를 부여해주고, 생각을 새로운 지평으로 인도해준다. 감정은 우리가 야심찬 목표를 추구하게 하고, 신경과학자 안토니오 다마지오Antonio Damasio의 말처럼 "수천 척의 지적인 배를 띄우고, 이것을 조종하도록 도와준다." 감정은 신체의 생존에 도움을 주고 신체는 이런 감정을 만들어낸다.

이렇듯 신체와 정신은 상호작용한다. 창조적 사고가 인간을 자연계에서 조금 특별한 존재로 만들어준 것은 사실이다. 그러나 인간의 창조적 사고에 식량과 후손으로 보답한 자연은 우리를 결코 버리지 않았다. 우리는 생물학적 존재로 남았다. 우리의 창조성과 신체성은 서로 분리될 수 없다.

11장

세 상 을
변 화 시 키 는 법

천재, 그것은 기꺼이 되찾아온 유년 시절을 의미한다.

– 샤를 보들레르[1]

.

우리의 여행은 약 300만 년 전, 다른 동물들처럼 본능에 따라 사
는 걸 중단하고 머리를 쓰기 시작했던 소규모의 유인원 무리와
함께 시작되었다. 이들은 미래를 예측하는 능력을 발전시켰다.
아직 존재하지 않지만 언젠가 존재할 수 있는 것을 상상했다. 덕
분에 쓸모없는 돌로 연장을 만들고, 나중에는 불을 다스릴 수 있
게 되었다. 연장을 갖게 되면서 식량을 구하는 것이 점점 쉬워졌
고, 불을 사용하게 되면서 양질의 영양분을 섭취할 수 있었다. 창
조적 사고는 호미니드들에게 초자연적인 힘을 주었다. 그들은 계

획을 세우기 시작했고 진취적으로 세상을 정복해나갔다.

우리에게 300만 년은 정말 장구한 세월로 보인다. 하지만 지구사적 잣대로 보면 아주 짧은 시간에 불과하다. 공룡이 지배하던 기간은 이보다 16배는 더 길었다. 그러므로 호미니드의 부상은 지구사의 한 사건으로 보아야 한다. 단 하나의 종, 즉 우리 종이 지구를 완전히 바꾸어놓았다.

선사시대 인간은 이미 자연에 위력을 행사하기 시작했다. 네안데르탈인이 살았던 시대에는 동굴사자, 검치호랑이, 털코뿔소, 큰사슴, 하이에나, 둥근귀코끼리가 여전히 유럽의 숲과 초지를 누볐다. 오늘날 소수의 아프리카 국립공원에서만 볼 수 있는 거대 동물이 모든 대륙에 서식했다. 하지만 인간의 발길이 닿는 곳마다 대형 동물들이 사라졌다. 유럽의 거대 동물들은 빙하기가 끝나고 인구가 늘어나면서 사멸했다. 호주에서는 5만 년 전 뱃사람들이 대륙 연안에 상륙하면서, 미국에서는 1만 5000년 전 인간이 지협을 통해 시베리아에서 알래스카로 이동하면서 사멸했다. 인간이 만든 창이 거대 동물들에게 죽음을 가져다주었다.[2] 하지만 수렵채집인들은 자연을 지나치게 손상시키지 않았다. 한 곳의 식량이 바닥나면 다른 곳으로 이동했고, 한 종이 멸종되면 다른 종을 사냥했다.

인구가 계속 늘면서 인간은 야생동물 대신 가축과 가금류를 늘려갔다. 오늘날 지구에 사는 포유류의 60퍼센트가 인간이 사육

하는 가축이고, 조류의 70퍼센트가 가금류다. 대량 사육으로 지구상에는 그 어느 때보다 많은 동물이 살고 있다. 그러나 동물의 종수는 얼마 되지 않는다. 이 종들은 인간이 자신의 이익을 위해 교배하고 변화시킨 종들로서 더는 열린 하늘 아래 자유롭게 살지 못하고 대부분은 우리 안에 갇혀 연명한다. 인간이 키우는 닭의 수는 모든 야생 조류를 합친 것의 세 배에 달하며, 돼지와 소의 수는 지구에 남은 야생 포유류의 14배에 달한다.[3]

오랜 세월 인간에게 가장 많이 희생된 것은 큰 동물들이었다. 하지만 도시화가 가속되고 농업이 기업화되면서 작은 동물들도 멸절되기 시작했다. 독일을 기준으로 지난 30년간 알을 품는 새들의 14퍼센트가, 날아다니는 곤충의 80퍼센트가 급감했다. 현재 전 세계적으로는 최소 100만 종의 동식물이 멸종 위기에 처해 있다.[4] 오늘날 거의 6600만 년 전과 맞먹는 속도로 지구상의 생물이 멸종해가는 중이다.[5] 지구에 거대한 운석이 떨어지는 바람에 공룡과 더불어 대부분의 생물이 멸종했던 그 당시처럼 빠른 속도로 멸종을 향해 달려가고 있는 것이다.

게다가 인간은 자연의 다른 순환에도 점점 더 많이 개입하고 있다. 깊은 바닷물에도, 먹는 물에도 미세 플라스틱이 떠다닌다. 핵무기 실험에서 나오는 방사능 낙진이 온 대륙에서 발견된다. 대기에 축적된 온실가스가 지구온난화를 유발하여 극지방의 빙하를 녹이고 대양을 산성화시킨다. 인간이 초래한 남극의 오

존 구멍을 발견한 공로로 노벨상을 받은 화학자 파울 크뤼첸Paul
Crutzen은 2000년에 새로운 지질 시대를 선포하고, 우리 시대를
'인류세'라 이름 붙였다. 자연의 힘만이 아니라 인간도 지구 환경
을 바꾸고 있다는 의미였다.

그리하여 인류세에 우리는 인류가 앞으로도 계속 지구에 존
속할 수 있을지 의심하고 있다. 인간이 계속 지구에 거주할 수 있
을지, 아니면 호모사피엔스 자신도 자신들이 멸종시킨 털코뿔소,
검치호랑이, 도도새처럼 멸종될지는 우리의 결정에 달려 있다.

창조성이 치러야 할 대가

지구의 파괴는 인류의 성공이 치러야 할 대가인 걸까? 종종
문명과 문화에 힘입어 인구가 너무 많이 늘었다고 주장하는 사람
들이 있다. 오늘날 지구에 사는 78억 명의 인구는 지구가 감당할
수 있는 수준을 넘어선다는 것이다. 그러나 사실 78억 명의 인구
는 지구에는 거의 미미한 수준이다. 78억 명은 지구 전체에 거주
하는 생물량의 1만분의 1도 되지 않는다. 지구의 생물량에서 가
장 큰 비중을 차지하는 것은 식물, 박테리아, 균류다. 동물은 원래
지구의 생물량에서 아주 적은 비율을 차지하고, 인간은 그중에서
도 30분의 1 정도를 점유한다. 전 세계 인구를 합쳐도 지구상의

흰개미를 합친 무게보다는 가볍다.[6] 이런 수치는 중요하다. 한 동물이 필요로 하는 영양소와 에너지의 양은 체질량에 좌우되기 때문이다. 1인당 필요한 기본 에너지는 100와트 정도로, 굉장히 밝은 전구의 에너지 소비량과 맞먹는다. 오늘날 인구가 늘어났다고 해도 그들이 생존에 필요로 하는 자원은 지구 전체의 대사량에 비하면 미미한 수준이다.

하지만 인간은 자신에게 필요한 것보다 몇 배나 많은 자원을 소비한다. 선진국 주민 한 명이 연소하는 기름과 석탄만 해도 1만 와트에 이른다. 우리는 필요한 양보다 100배나 많은 에너지를 소비하는 것이다. 게다가 인류는 연간 300억 톤의 다른 생물들을 살생한다. 작물을 수확하거나 벌목을 하거나 삼림을 불태우거나 가축을 도축하는 형태로, 연간 육지 생물량의 3퍼센트를 파괴한다.[7] 이렇게 수확한 것 중에 인간의 식량으로 소비되는 것은 20분의 1에 지나지 않는다. 절반 이상은 가축의 먹이로 쓰이고, 가축들은 섭취한 영양의 일부를 온실가스로 배출한다.[8]

어떤 자연법칙도 인류에게 도를 넘은 소비를 강요하지 않는다. 지구상의 생명이 위험에 처한다면 그것은 오직 인간 이성의 책임이다. 21세기 초를 살아가는 호모사피엔스는 아직도 수렵채집 생활을 하며 주변의 자원이 바닥나면 다른 곳으로 이동했던 조상들의 사고방식에서 해방되지 못했다.

유한한 세계에서 어떻게 살아야 할지 아직은 개념이 부족하기에, 우리는 현재 상황에 맞는 행동을 하지 못할 뿐만 아니라 많은 경우 현재 상황에 맞게 행동하는 것이 무엇인지도 아예 모른다. 어떻게 하면 지속 가능한 자원 활용을 통해 곧 80억 명으로 불어날 인구가 품위 있는 삶을 보장받을 수 있을까? 한정된 자원으로 어떻게 행복하고 정의로운 사회를 구현할 수 있을까? 어떤 모습으로 그런 사회로 이행할 수 있을까? 그리고 과연 인간다운 삶이란 어떤 것일까? 오늘날 우리는 아직 답이 없는 이런 많은 질문을 마주하고 있다.

인간 정신의 역사에서 사고는 계속 막다른 골목에 이르곤 했다. 우리는 9장에서 그런 상황을 살펴봤다. 사고의 가능성이 바닥난 것처럼 보이거나 더는 현실에 부합하지 않을 때, 이런 상황이 발생한다. 이런 막다른 골목에서 빠져나오는 출구는 두 단계로 이루어진다. 첫 번째 단계에서 사람들은 기존 개념으로 문제를 해결해보려고 노력한다. 탐구적으로. 하지만 결국 안 된다는 것을 인정할 수밖에 없다. 그러면 이제 두 번째 단계가 변혁을 가져온다. 문제가 새롭게 정의되고, 혁명적인 개념들이 나타나며, 또 다른 가능성의 공간이 열린다. 그러면 전에 생각할 수 없었던 것을 생각하게 된다.

글로벌 위기를 극복하는 일에서 우리는 아직 첫 단계에 머물러 있다. 우리는 옛 습관의 틀 안에서 지속 가능한 미래를 만들려고 한다. 전기 자동차를 만들고, 식물성 기름으로 항공기 연료를 개발하고, 소에게 유전자 조작된 사료를 먹이지 않고, 패스트 패션을 지양하기 위해 면직물에 환경 마크를 붙이는 등 다각적인 노력을 한다. 재활용 쓰레기도 분리 배출한다. 하지만 이런 노력을 합쳐도 후손들에게 안전한 삶의 토대를 물려주기에는 턱없이 부족하다. 이보다 큰 발걸음들이 필요하다. 이런 걸음을 내딛기 위해서는 변혁의 두 번째 단계가 필요하다.

변혁이 가능하려면 혼란을 견딜 준비가 되어 있어야 한다. 미국의 수필가 제임스 볼드윈James Baldwin은 창조적 과정에 관해 고찰하면서 사회가 변화를 그토록 달가워하지 않는 이유를 설명했다. 볼드윈은 기존의 것에 달라붙어 있으려는 경향은 특권을 포기하기 싫어서가 아니라 불안을 견디지 못해서 나타나는 것이라고 설명했다. "사회의 목적은 내적, 외적 혼란에 맞서는 방벽을 쳐줌으로써 사람들이 무난히 살아가게 하고 인간 종이 생명을 유지하게 하는 것이다. 어떤 전통이든 일단 한번 굳어지면 대부분의 사람은 마치 이런 전통이 세상이 시작될 때부터 계속되어온 것처럼 생각한다. 그러다 보니 변화를 상상하기가 싫고 상상할 수도 없다. 자신들에게 정체성을 부여해준 전통 없이 어떻게 살아야 할지 감을 잡지 못한다. 그런 것들을 포기해야 하고 포기할 수 있다고 제안하면, 그들은 패닉 반응을 보인다." 1962년에 볼드윈이 쓴 이 글은 지금 읽어도 예언적으로 느껴진다.

우리는 이제 볼드윈이 지적한 이 같은 현상이 바로 우리 뇌의 작동 방식에서 나온다는 것을 알고 있다. 사람들은 많은 경우 자동적으로 친숙한 상황에 이끌린다. 현상 유지가 불리하고 대안을 찾는 것이 좋다는 사실을 알면서도. 새로운 것은 마음을 불편하게 만들 뿐 아니라 익숙한 것을 선택하는 편이 정신적으로 부담 없기 때문에 손해를 입더라도 기존의 것을 고집하는 것이다. 이미 다져진 길을 가면 뇌는 힘들게 계산을 하지 않아도 된다.[9]

이 글을 쓸 당시 볼드윈은 아직 변화가 두려운 사람은 정말로 "외적, 내적 혼란에 방벽을" 치고 자신의 종족을 보존할 거라고 확신할 수 있었다. 볼드윈은 "사회는 안정적이고자 한다"고 썼다. 그러나 21세기 초인 지금, 무턱대고 현상태를 유지하는 것보다 불안정한 일은 없는 듯하다. 기존의 것을 붙잡는 것은 더 이상 미래를 보장해주지 않고, 멸망을 야기할 따름이다. 오늘날에는 변화가 아니라 현상 유지가 위험하다. 그럼에도 우리는 지금까지 살던 대로 살고 싶어 한다. 우리의 심리가 현실에 부응하지 못하는 것이다.

볼드윈은 친숙한 것이 주는 기만적인 안도감에 예술가의 의심을 대비시킨다. 그는 예술가들은 안일하고 편안한 것을 거부하기에 불편하다고 지적한다. "예술가는 그 무엇도 그냥 주어진 것으로 받아들일 수 없고 받아들여서도 안 된다. 예술가는 모든 대답의 폐부를 뚫고 들어가 이런 대답에 가려진 질문을 노출시켜야한다." 안일한 정신들이 기존 대답들에 만족하는 곳에서 질문과 더불어 변혁이 시작된다.

혼란을 견딜 준비

예술적 사고는 그 누구에게도 낯설지 않다. 어렸을 때는 우리 모두 불편한 질문을 던질 용기가 있었다. 엄마 아빠는 왜 일해야 해? 물고기들도 멀미해? 구걸하는 사람들은 왜 돈이 없어? 전쟁은 왜 일어나는 거야?

그렇게 우리는 세상을 배웠다. 어린 시절 우리는 기억 게임과 언어 습득 속도에서만 부모를 능가했던 것이 아니다. 어린아이는 대개 어른보다 정신적으로 유연하다. 나이 든 사람들이 이미 답을 안다고 믿는 것들을 아이들은 여전히 캐묻는다. 최신 연구에 따르면 이런 점 때문에 아이들의 문제 해결력이 어른들을 앞서는 경우가 많다. 어른들이 아직 어둠 속을 헤매면서 상관도 없는 이런저런 정보에 신경 쓰는 동안 아이들은 이미 이유를 찾아내고, 고전적인 창의력 테스트에서도 더 뛰어난 능력을 보이는 것으로 나타났다.[10] 물론 머리가 이렇게 유연하게 돌아가는 대신 안정감이 약간 부족할 수는 있다. 어린 시절 우리는 헷갈림을 견뎠다. 하지만 어른이 되면서 점점 그런 것을 참지 못하게 된다.

어른들은 자신들에게 당연하게 다가오는 가정에 따라 행동한다. 그럼으로써 이미 아는 상황을 효율적으로 처리할 수 있다. 아이들은 아직 이런 가정을 하지 않는다. 그래서 경험이 중요한 일상적 과제를 해결하는 것이 때로는 쉽지 않다. 하지만 대신에 여러 어른들에겐 부족한 능력을 가지고 있다. 바로 가능성을 감지하는 능력이다. 미지의 상황에서는 이런 능력이 상당히 힘을 발휘한다. 안데르센의 유명한 동화에서 "임금님이 벌거벗었다" 고 외침으로써 온 도시를 미몽에서 깨어나게 했던 것은 어린아이였다. 반면 어른들은 멍청한 사람의 눈에는 보이지 않는다는 집단적 미몽, 혹은 기회주의에 사로잡혀 있었다.

상상력과 뛰어난 관찰력이 가장 두드러지는 것은 취학 전의 아이들이다. 학교에 들어가고 나면, 더욱 관습적으로 사고하고 행동한다. 이것이 자연스러운 발달일까, 아니면 학교 수업에서 영향을 받는 것일까? 우리는 알지 못한다. 아이들이 지적으로나 정신적으로 진취적인 태도와 높은 의욕을 갖게 할 방법을 알아내는 것이 중요한 당면 과제다. 현재 아이들의 자유는 날로 줄어들고 있다. 자유롭게 놀거나 마음껏 하고 싶은 일을 하는 시간은 1981년에서 2003년 사이에 이미 3분의 1로 줄어들었다[11](그 이후의 자료는 아직 없다). 당시에는 아이의 방마다 비디오게임기가 있지도 않았고, 바지주머니마다 휴대전화가 들어 있지도 않았는데도 말이다.

사춘기가 되어 슬슬 자기 정체성을 갖게 되고, 문화에 자신의 언어, 음악, 가치관을 더하기 시작하면서 생각은 다시 나래를 펴고 비상한다. 세상을 캐묻고 삶을 탐구하는 열일곱 살짜리의 열정을 어른인 우리가 얼마나 따라갈 수 있을까? 그러나 이런 젊음의 열정이 나이 들면서 반드시 사그라지는 것은 아니다. 예술가들은 고령에 이르기까지 지적인 호기심과 열정을 간직한다. 피카소의 가장 대담한 그림 중 몇 점은 80세 이후에 그려진 것들이다. 종종 아이들이 꼬마 과학자처럼 주변을 탐구한다는 말을 하곤 하지만, 그 반대도 사실이다. 위대한 과학자들은 스스로를 어린아이에 비유하곤 했다. 자기공명영상장치의 이론적 토대를 발견한 공로로 노벨상을 수상한 이지도어 아이작 라비Isidor Isaac Rabi는 자신의 동료 물리학자들을 '인간 피터팬들'이라고 부르면서 "그들은 호기심을 잃지 않는다. 결코 어른이 되지 않는다"[12]고 썼다. 그래서인지 연구자들 중에는 학문과 더불어 예술적인 열정을 펼치는 사람들이 꽤 많다. 유능한 과학자인 동시에 화가, 조각가, 작가, 음악가로 활동하는 경우가 종종 눈에 띈다. 노벨상 수상자가 조형예술가나 표현예술가로 활동할 확률은 일반인의 30배에 이른다.[13]

많은 어른이 잘 모르는 것에 겁을 내고 거부감을 느끼지만 어린이와 청소년, 예술가, 학자들에게 미지의 것은 신비한 매력을 갖는다. 예술가와 학자들이 보여주는 호기심과 발견에의 욕구가 그들의 특별한 재능에 기인하는 것처럼 생각될지도 모른다.

그러나 성격심리학에 따르면 그렇지 않다. 생각으로 세상을 바꾼 이들은 많은 경우 뛰어난 지적 능력을 지녔다기보다는 일찌감치 지적 독립성이 두드러졌던 사람들이었다. 어린 시절부터 세계와 자기 자신에 대해 놀라워할 줄 알았던 사람들이었다. 그리고 대개는 그들이 캐묻고 실험하고 탐구하도록 옆에서 격려해준 사람들이 있었다.

앞에서도 언급했던 물리학자 리처드 파인만은 소립자들의 상호작용 등 많은 연구로 20세기 물리학을 새로운 방향으로 이끌었을 뿐만 아니라 삼바 밴드의 드러머로 활동했고 나아가 수백 점의 그래픽과 수채화까지 남겼다. 인터뷰에서 파인만은 어린 시절 아버지가 뭔가를 일일이 가르쳐주기보다는 늘 스스로 알아가도록 격려해주었다고 밝혔다. 파인만의 가족은 1920년대 후반 롱아일랜드에서 경제적으로 궁핍하게 살았다. 청소년 시절 파인만은 구석으로 물러나 라디오를 분해하거나 해변에서 시간을 보내면서 창조성을 키워나갔다. 파인만은 나중에 그의 유명한 강의에서 자연에 대한 이해를 피력하면서 어린 시절 해변에서의 추억을 떠올리는 것으로 서두를 뗐다.

"(……) 바다를 바라보면, 물과 부서지는 파도가 보이지요. 물거품도, 넘실대는 물도 보이고요. (……) 바람, 구름, 태양, 파란 하늘, 빛. 여기엔 모래가 있고 저기엔 돌들이 있고, (……) 저기엔 동물들과 해초, 배고픔과 질병이 있고, 해변에는 관찰자가 있어요."[14]

이런 원초적인 광경을 보고 있는 그의 머릿속에서는 꼬리에 꼬리를 물고 질문이 솟구쳤다.

"모래는 돌과 다른 것일까? 모래는 그저 아주 작은 돌들이 많이 모여 있는 것뿐일까? 달은 커다란 바위일까? 돌이 무엇인지 알면, 모래와 달도 알 수 있을까? 공기 중에 부는 바람은 바다에서 일렁이는 물결과 같은 것일까?"

파인만의 질문은 유희적인 동시에 심오하다. 창조적인 사람들은 그 무엇도 당연한 것으로 여기지 않고, 모든 것으로 실험할 준비가 되어 있는 아이와 같은 눈으로 세상을 본다.

창조성은 재능이 아니라 삶의 자세다. 우리가 지금 살고 있는 것은 창조성 덕분이다. 인류의 역사는 우리 조상들이 서로에게서 배우기를 배우기 시작하면서 시작되었다. 경험자들이 자신들의 지식을 후손에게 전해주었기에 인류는 살아남을 수 있었다. 하지만 인류가 우리 시대에 당면한 도전을 극복하려면, 지금까지 해오던 대로 하는 것으로는 부족하다. 우리는 세상을 어린아이와 같은 눈으로 보는 연습을 해야 한다.

감사의 말

본문에서 이야기한 모든 창의적 업적처럼, 이 책 역시 내 개인적 노력의 결실만은 아니다. 의견을 나누어주고, 예리한 대화를 통해 생각을 다듬을 수 있도록 해주고, 자료 조사와 집필에 도움을 준 모든 분들에게 심심한 감사를 드린다.

소니아 아르망, 루이스 리키, 리처드 리키, 제이슨 루이스, 로렌스 마틴은 투르카나 호수의 발굴지와 그곳의 흥미진진한 고고학의 세계로 인도해주었다. 케냐 국립 박물관의 프레드릭 만티는 내가 특별히 초기 인류의 두개골을 만져볼 수 있도록 해주었다. 나이로비에서 훌륭한 숙식을 제공해준 앙겔리카 클라인과 올리버 파울루스에게 감사를 전한다. 다니엘 가리도 피멘텔, 디르크 호프만, 앨리스테어 파이크, 조앙 질량 덕분에 카스티요산 동굴을 방문할 수 있었다. 정말 뜻깊은 방문이었다. 알타미라 동굴을 방문할 때 도움을 준 필라르 파타스 몬포르테와 2019년 가장 더운 여름날 롯의 그림동굴을 돌아볼 때 즐거운 동행이 되어준 미셸 로르블랑셰에게도 진심으로 감사를 전한다. 니콜라스 콘라드는 나를 슈바벤 알프스 지역의 동굴들로 안내해주었다. 그 동굴들은 그와 그의 동료들이 홀레펠스의 비너스와 최초의 악기들을 발굴한 곳이다. 이 모든 학자들과 대화를 하는 가운데 인류의 기원에 대해 정말 많은 것을 배울 수 있었다.

요제프 하인리히와 클라우디오 테니와 함께 집단적 두뇌에 대해 토론했던 시간은 굉장히 즐거웠다. 창조성 연구의 선구자인 인지과학자 마거릿 보든 덕분에 이 책에 중요한 기본적인 아이디어를 얻었다. 여러 시간에 걸친 굉장히 고무적인 대화에 감사드린다. 마티아스 베네데크는 창조적 사고와 신경 간의 상관관계에 대한 흥미로운 연구를 소개해주었고, 앨리슨 고프닉은 발달심리학에 대한 중요한 지적들을 해주었다. 디아나 도이치는 음향학적 지각에 대한 문화적 토대에, 토마스 메칭거는 정신철학의 결과들에 주목하게 해주었다. 토마스 드 파도바는 르네상스 시대의 지식 사회를 더 잘 이해할 수 있도록 도와주었다. 알베르토 드 캄포 덕분에 제너레이티브 아트에 눈뜰 수 있었다.

2017년에서 2020년까지 베를린 예술대학에서 진행한 강의와 세미나에서 우선 이 책을 위한 많은 아이디어들을 시험해볼 수 있었다. 아르민 초드친스키, 니콜라 클레이튼, 야콥 그로스만,

니카 융커, 클라이브 윌킨스, 세미르 제키와 함께 번갈아가며 세미나를 주재했다. 함께 해주고, 기꺼이 실험에 임해준 모든 참가자에게 깊은 감사를 드린다.

피셔 출판사의 지프 부블리츠와 알렉산더 뢰슬러는 이 프로젝트를 위해 많은 힘을 써주었고, 알피오 푸나리와 마티아스 란트베어는 에이전트로서 이 책을 위해 애써주었다. 크리스토프 아멘트와 예르크 부르거는 내가 장의 시작 부분에 활용하고자 준비한 두 개의 잡지 기사를 훌륭하게 만져서 실어주었다. 멋진 일러스트를 그려준 슈테파니 하르예스에게 감사를 전한다. 아내 라고스는 전체 텍스트를 읽고, 글을 손보아주고, 전체 진행 과정에서 매번 영리한 조언을 해주었다. 그녀에게 가장 큰 감사를 전한다.

미주

들어가는 말

1 Janko, Stark and Zink 2012.

2 Sorensen, Claud and Soressi 2018.

3 여기서 중요한 것은 뇌의 절대적인 크기가 아니라 전체 체중에서 뇌가 차지하는 상대적인 중량이다. 이른바 대뇌화지수(encephalization quotient, EQ)가 동물의 인지적 능력을 가장 잘 예측해주는 것으로 나타났다. 대뇌화지수는 체중을 제곱한 값의 세제곱근으로 뇌의 무게를 나눈 값으로서 현대인은 7.5 이상, 돌고래는 5.3, 침팬지는 2.5, 개는 1.2다.

4 가령 미시시피 악어는 나뭇가지를 주둥이 위에 올려놓고 잠수한 상태로 먹잇감을 유인한다. 잠수한 상태에서 수면에 내놓은 주둥이는 마치 물에 떠다니는 물건 같아 보이기 때문에 둥지 지을 재료를 찾아다니던 왜가리가 수면으로 내려온다. 그러면 그 순간 악어는 벌리고 있던 주둥이로 냉큼 왜가리를 낚아챈다. 그러나 악어는 상황에 맞추어 사냥 전략을 조절하지는 못한다. 그래서 알을 품는 새들이 근처에 있든 없든 주둥이를 막대기로 장식한다. Rosenblatt and Johnson 2020.

5 Kandel 2012.

1장 뗀석기가 전하는 메시지

1 Whitehead 1917.

2 Wong 2015.

3 Shumaker, Walkup and Beck 2011.

4 Goodall 2000.

5 들어가는 말의 주 3을 참고하라.

6 Rutz 외 2010. 피가로라는 이름의 앵무새가 멀리 있는 견과류를 먹기 위해 잔 나뭇가지를 꺾어 견과류를 자기 쪽으로 끌어 오는 모습이 담긴 동영상이 있다. 물론 빈대학교에서 기르고 있는 피가로는 엄청 머리가 좋은 앵무새임을 감안해야 한다. Auersperg et al. 2012.

7 Pruetz and Bertolani 2007; Pruetz et al. 2015.

8 Kivell 2015; Stout 2016; Morgan et al. 2015; Morgan et al. 2015.

9 Roche 2016.

10 인간은 다른 동물보다 자기 통제와 장기 계획 능력이 뛰어나다. 뇌가 크기 때문이다. 본능적 충동을 억제하고 더 나은 미래를 그리기 위해서는 상당한 정신적 자원이 필요하다. 미국의 인류학자 에반 매클린(Evan MacLean)이 여러 종의 동물을 비교해본 결과, 뇌용량이 클수록 인내심이 많고, 앞일을 예상하는 능력이 뛰어난 것으로 나타났다. MacLean et al. 2014.

11 Prüfer et al. 2012.

12 Schick et al. 1999; Toth, Schick and Semaw 2006; Savage-Rumbaugh, Toth and Schick 2007.

13 Stout 2010.

14 Lombao, Guardiola and Mosquera 2017.

15 Tomasello et al. 1997; Hobaiter and Byrne 2011.

16 Arbib 2012.

17 Schenker et al. 2010.

18 Henrich and Tennie 2017.

2장 **기하급수적인 발전**

1 이것은 낙관적인 추정치다. 18세기 후반 태즈메이니아에 들어간 유럽의 개척자들은 그곳에서 20여 가지의 물건들만으로 살아가는 수렵채집인들을 만났다. Henrich 2017.

2 Keeley 1993.

3   Kimbel and Villmoare 2016. 크게 호모에렉투스로 대표되는 고인류는 여러
      명칭으로 불린다. 초기의 고인류인 호모에르가스테르가 있고, 후기의 고인
      류로 유럽에 살았던 호모하이델베르겐시스가 있다. 호모에렉투스, 호모에
      르가스테르, 호모하이델베르겐시스 간의 경계는 분명하지 않다. 이들은 엄
      밀히 말해 생물학적으로 다른 종들은 아니다. 이번 장과 다음 장에 나오는
      호모사피엔스와 네안데르탈인에 관한 설명을 참조하라. 이들 종의 분류는
      연대와 화석에 따른 것이며, 이를 흔히 직계후손종(chronospecies)이라 칭
      한다. 직계후손종으로 분류하는 것은 편의적이고 주관적이기에, 이 책에서
      는 세부적인 분류를 생략하고, 호모에렉투스, 호모에르가스테르, 호모하이
      델베르겐시스를 호모에렉투스로 통칭했다.

4   Lorblanchet 2017.

5   Roebroeks et al. 2012.

6   Kozowyk et al. 2017.

7   Klein 2009.

8   Hrvoj-Mihic et al. 2013.

9   Semendeferi et al. 2001.

10   Damasio 2010.

11   브로드만 영역 10이 정확히 언제 현재와 같은 크기가 되었는지는 분명하지
      않다. 하지만 인도네시아 플로레스섬에서 발견된 왜소 인류 화석에서도 그
      영역이 커진 것이 관찰되었다. 플로레스의 왜소 인류와 유럽인은 공통 조
      상인 호모에렉투스에서 갈라져 나왔으므로, 호모에렉투스는 35만 년 전에
      이미 연상적 사고가 가능한 뇌를 가지고 있었다고 추정할 수 있다. Falk et
      al. 2005.

12   Mcbrearty and Brooks 2000.

13   Mcbrearty and Brooks 2000; Henshilwood et al. 2001.

14   Conard, Malina, and Münzel 2009.

15   Hublin 2014.

16   Ingman et al. 2000.

17   Klein 2009.

18   Krause et al. 2007.

19 Abraham 2002.

20 Max-Planck-Gesellschaft, Pressemitteilung 2013.

21 Platon, Ion 533c-534e.

3장 **집단적 뇌**

1 Henrich 2017.

2 이런 견해는 논문이나 전문 서적에서도 흔히 만나볼 수 있다. 가령 다음 문헌에서도 확인할 수 있다. Hadamard 1996; Koesler 1964.

3 Wolf 1996.

4 Paczkowski 2010.

5 Christa Schuenke의 번역.

6 Stukeley 1936.

7 https://www.bis.org/publ/otc_hy1905.htm. 2019년 10월 29일에 확인.

8 Henrich 2017.

9 Winawer et al. 2007.

10 Berlin and Kay 1991; Kay and Regier 2006.

11 Majid 외 2004. 캐나다의 음악학자 콜린 맥피(Colin McPhee)는 발리섬에서 관찰한 춤 수업을 소개했다. 그곳에서는 동쪽 발을 북쪽으로 놓고, 서쪽 손을 남쪽으로 뻗으라는 식으로 춤동작을 가르치고 있었다. Deutscher 2010.

12 Kline and Boyd 2010.

13 Bromham et al. 2015.

14 Collard et al. 2013.

15 Bettencourt et al. 2007; Carlino, Chatterjee and Hunt 2007.

4장 **기호의 힘**

1 James 1975.

2 약 3만 4000년 전에 그려진 쇼베 동굴벽화는 1994년에 발견된 이래 인류 최초의 그림으로 여겨져왔다. 하지만 2012년 디르크 호프만과 앨리스테어 파이크가 파시에가 동굴 근처 카스티요 동굴에서 원형으로 붉게 채색된 부분을 발견했다. 이는 약 4만 년 전에 그려진 것으로 추정되었다. 2014년 호

주 고고학자들은 인도네시아 술라웨시섬 동굴의 암각화를 공개했다. 이곳의 소와 멧돼지 그림, 손바닥 자국 역시 약 4만 년 전의 것이다. Pike et al. 2012; Kinsley and Dosseto 2014.

3 Zilhão 2006.

4 Villa et al. 2015.

5 Cassirer 1923.

6 Dehaene et al. 2015.

7 Skeide et al. 2017.

8 Boysen et al. 1996.

9 Thompson, Oden and Boysen 1997.

10 Clark and Chalmers 1998.

11 Feynman and Weiner 1973.

12 여기서 양성자를 구성하는 u 쿼크 중 하나가 d 쿼크로 바뀐다. 이것은 W+ 보존의 영향하에서 전자가 전자 중성미자(ve)로 변하는 전자(e−)의 산란이 원인이다. 화살표는 시간 방향을 나타낸다.

13 Aiken 1998.

14 Powell, Shennan and Thomas 2009.

15 Lorblanchet 2017.

5장 상상력이 만든 세계

1 Meller and Michel 2018.

2 화학자들은 금속을 보고 어느 지역에서 왔는지도 알아낼 수 있었다. 청동의 재료가 된 금과 백랍은 멀리 콘월에서 들여온 것이었다. Ehser, Borg and Pernicka 2011.

3 초승달을 기준으로 플레이아데스 성단이 원반에 묘사된 형태를 띠면, 태양년과 태음년이 어긋나며 윤달을 통해 이를 보정해야 한다. Hansen and Rink 2008.

4 Hershenson 2013.

5 Murray, Boyaci and Kersten 2006.

6 Weidner et al. 2014.

7 보름달이 뜰 때면 종종 엄청나게 클 뿐만 아니라 비현실적으로 가까워 보인다. 한편 시각피질은 거리가 멀다는 것을 감안하여 지평선에서 떠오르는 원반을 더 확대시킨다. 그런데 우리에게 달이 그토록 가깝게 느껴지는 이유가 무엇인지는 알려져 있지 않다. 달이 우리에게 친숙하기 때문인지도 모른다. 독일 율리히 연구소의 측정 결과에 따르면 이 과정은 좀 복잡한 듯하다. 우선 시각피질이 돋보기 효과를 만들어내면, 뇌는 달이 우리가 밤하늘에서 항상 보던 것보다 더 크게 보인다는 사실을 깨닫는다. 그러면 이제 두 번째 단계로 헷갈림을 줄이기 위해 감지되는 거리가 수정되어, 우리는 달이 지각되는 크기에 상응하는 만큼 더 가까이에 있다고 느낀다. 제트기 조종사가 저녁 하늘에 커다란 달이 떴다고 보고하는 이유 역시 설명할 수 없다. 10킬로미터 상공에서는 지평선과의 거리를 보정해줄 비교 대상도 없는데 왜 그렇게 보이는 걸까. 또한 다리를 쫙 벌리고 고개를 앞으로 뺀 상태에서 보면 달이 더 작아 보이는 이유도 불분명하다.

8 뇌 기능의 기본이 되는 이 이론은 '예측 부호화(predictive coding)'라고 알려져 있다. Friston 2018; Huang and Rao 2011; Knill and Pouget 2004.

9 Raichle 2010.

10 Norris 2013; Grainger, Dufau and Ziegler 2016.

11 Lee and Nguyen 2001.

12 이것은 디아나 도이치(Diana Deutsch)에게서 개인적으로 들은 이야기다.

13 Ahissar and Hochstein 2004.

6장 **아르키메데스의 머릿속**

1 Cicero, De re publica.

2 Dasen 1972; De Lemos 1969; Owens and Kaleva 2008.

3 일곱 번째 편지 341c에 플라톤은 그렇게 적고 있다.

4 Jahn 1858.

5 Poincaré 1908; Hadamard 1945.

6 Jung-Beeman et al. 2004; Kounios et al. 2006; Kounios and Beeman 2014.

7 Stanovich 1999; Raichle and Snyder 2007; Raichle 2010.

8 Nielsen et al. 2013.

9 뇌의 이 영역을 배외측 전전두엽 피질(DLPFC)이라고 한다.

10 Nakano et al. 2012.

11 Raichle 2010.

12 Marron et al. 2018.

13 Dijksterhuis and Meurs 2006; Baird et al. 2012.

14 Liu et al. 2012; Jung 2013; Benedek and Jauk 2018.

15 Beaty et al. 2018.

16 Beaty et al. 2018.

17 Petri et al. 2014.

18 Li et al. 2017.

19 Beaty, Seli and Schacter 2019.

7장 창조적 사고의 세계화

1 Burckhardt 1860; Burke 1998; Burke 2014; Debus 1978; Hall 1962; Grafton, Shelford and Siraisi 1992.

2 Febvre and Martin 1958; Dittmar 2011.

3 Febvre and Martin 1958에서 인용.

4 Tatarkiewicz 1980.

5 Dobrzycki and Hajdukiewicz 1969.

6 Kopernikus, Hamel and Posch 2015.

8장 가능성이라는 신대륙을 발견하다

1 Zermelo 1913.

2 이것이 체스의 의사결정 나무라 할 수 있다.

3 Boden 2004.

4 요제프 하이든은 바흐 이후 클래식 음악을 정립했지만, 클래식 애호가들은 볼프강 아마데우스 모차르트의 천재성을 추켜세운다. 모차르트의 창조성에 대해서는 그 누구도 의심하지 않을 것이다. 하지만 모차르트의 음악은 하이든이 고안한 원칙을 따른다. 모차르트는 동료와 친구 앞에서 자신이 하이든의 음악에 빚지고 있음을 공개적으로 인정했다. 초기 비틀스 노

래는 버디 홀리(Buddy Holly)의 노래와 비슷하게 들린다. 폴 매카트니(Paul McCartney)는 비틀스가 초기에 발표한 40곡의 노래는 1959년 비행기 사고로 사망한 로큰롤 싱어송 라이터 버디 홀리의 영향을 받았다고 밝히기도 했다. 하지만 오늘날 팝역사에 아주 해박한 사람이나 버디 홀리를 알고 있는 반면, 비틀스의 노래는 거의 민요나 다름없게 되었다.

5 Rawson 1983.

6 음악에서 탐색적 창의성이 밟아온 역사도 서술할 수 있을 것이다.

7 Pariser Handschriften BN 2037 22v.

9장 규칙을 바꾼 창조자들

1 Boden 2004.

2 Naumann 2012.

3 Arnason 1986.

4 Gammel 2003; Hustvedt 2019.

10장 예언과 현실

1 Turney 1972.

2 Toole 1998.

3 찰스 배비지는 에이다가 사망하고 몇십 년이 지난 뒤에야 해석기관의 작은 시제품을 만들었다. 그리하여 에이다는 자신의 프로그램이 실제로 작동할 수 있다는 사실을 결코 알지 못했다. 오늘날의 컴퓨터는 그녀가 생각해낸 원리에 따라 베르누이 수를 계산한다.

4 에이다 러블레이스는 신경계의 작동 과정을 연구하기 위해 엔지니어로부터 전기를 실험하는 방법을 배우기도 했다. Woolley 1999; Wolfram 2015.

5 Green 2001.

6 Burhan et al. 2018.

7 Salk Institute 2016.

8 Kurzweil 1999.

9 Turing 1936.

10 튜링의 원래 증명은 무한히 긴 종이 테이프, 즉 무제한의 저장 용량을 전제

한 것이었다. 저장 용량이 유한한 실제 기계는 서로 유사한 방식으로 돌아가는 동등한 기계들이다.

11 Turing 1950.

12 Wittgenstein 1984.

13 Turing 1992.

14 로저 펜로즈가 이를 제안했다. Penrose 1991.

15 Silver 2018.

16 Christie's 2018.

17 Jones 2016; Jones 2018.

18 Klein 2002; Damasio 2004; Damasio 2017.

11장 세상을 변화시키는 법

1 Baudelaire 2012.

2 Sandom et al. 2014.

3 Bar-On, Phillips and Milo 2018.

4 Brondizio et al. 2019.

5 Bradshaw and Saltré 2019. 6 Bar-On, Phillips and Milo 2018.

6 Bar-On, Phillips and Milo 2018.

7 식물이 햇빛으로부터 새로운 생물량을 만들어내지 못한다면, 지구는 30년 안에 완전히 황폐화될 것이다. Burgess and Gaines 2018.

8 Haberl et al. 2007.

9 Fleming, Thomas and Dolan 2010.

10 Einen guten Überblick geben Gopnik et al. 2017.

11 Owens and Hofferth 2001; Burdette and Whitaker 2005; Hofferth 2009.

12 Gardner 2011.

13 국립과학아카데미 회원이 예술가로 활동할 확률도 평균의 세 배 이상이다. Root-Bernstein et al. 2008.

14 Feynman, Leighton and Sands 2011.

창조적 사고의 놀라운 역사

초판 1쇄 발행 2022년 5월 13일
초판 2쇄 발행 2022년 6월 22일

지은이 | 슈테판 클라인
옮긴이 | 유영미
발행인 | 김형보
편집 | 최윤경, 강태영, 이경란, 임재희, 곽성우
마케팅 | 이연실
디자인 | 송은비
경영지원 | 최윤영

발행처 | 어크로스출판그룹(주)
출판신고 | 2018년 12월 20일 제 2018-000339호
주소 | 서울시 마포구 양화로10길 50 마이빌딩 3층
전화 | 070-5080-4037(편집) 070-8724-5877(영업)
팩스 | 02-6085-7676
이메일 | across@acrossbook.com

한국어판 출판권 ⓒ 어크로스출판그룹(주) 2022

ISBN 979-11-6774-044-1 03000

만든 사람들
편집 | 최윤경
교정교열 | 윤정숙
디자인 | 송은비
조판 | 박은진